AF590730

1830 — 1930

COLLECTION DU CENTENAIRE DE L'ALGÉRIE

MISE EN VALEUR DE L'ALGÉRIE

LES PORTS
ET LA
NAVIGATION DE L'ALGÉRIE

PAR

L. BILLIARD

Ancien Président de la Chambre de Commerce d'Alger

F. VERGNIEAUD ET E. BALENSI

Ingénieurs en chef des Ponts et Chaussées

LAROSE, PARIS

1930

LES PORTS
ET LA
NAVIGATION DE L'ALGÉRIE

1830 — 1930
COLLECTION DU CENTENAIRE DE L'ALGÉRIE

MISE EN VALEUR DE L'ALGÉRIE

LES PORTS

ET LA

NAVIGATION DE L'ALGÉRIE

PAR

L. BILLIARD
Ancien Président de la Chambre de Commerce d'Alger

F. VERGNIEAUD ET E. BALENSI
Ingénieurs en chef des Ponts et Chaussées

PARIS (Ve)
LIBRAIRIE LAROSE
11, RUE VICTOR COUSIN
M.CM.XXX

PRÉFACE

Lorsqu'en 1830 *les troupes du comte de Bourmont débarquent sur la plage de Sidi-Ferruch, les côtes de l'Algérie sont inhospitalières et sont très dangereuses les jours de mauvais temps. Pas le moindre abri sûr le long de ces côtes pour les navires d'une certaine importance ; quelques criques naturelles de distance en distance, où ne peuvent se réfugier que des embarcations de faible tirant d'eau ; à Alger le petit port turc créé par Khaïr-ed-Din qui pendant très longtemps a été le repaire préféré des corsaires barbaresques.*

En 1930, *au moment de la célébration du centenaire, l'Algérie assure avec sécurité son important trafic de voyageurs et de marchandises par une vingtaine de ports échelonnés tout le long de ses côtes. Le mouvement des grands ports, qui sont à la fois ports d'importation et d'exportation, ports à passagers, ports de relâche et ports d'escale des grands paquebots touristes, se développe très rapidement, surtout depuis le début du XX*e *siècle.*

Le trafic a plus que doublé de 1900 *à* 1910 *et a de nouveau doublé de* 1910 *à* 1928.

En 1928 *la valeur des importations et exportations de l'Algérie est de* 9 *milliards de francs.*

En 1927 *le trafic des ports est de* 36.500 *navires entrés et sortis*[1], *dont le tonnage de jauge total est de* 41.500.000 *tonnes, le tonnage total effectif des marchandises embarquées et débarquées étant de* 10.700.000 *tonnes.*

Ce trafic de 1927 *se décompose comme suit :*

	Ports du département de Constantine	Ports du département d'Alger	Ports du département d'Oran
Nombre de navires (entrés et sortis)....	10.000	13.500	13.000
Tonnage de jauge (entrées et sorties).	7.300.000	15.600.000	18.600.000
Tonnage effectif de marchandises (entrées et sorties).	3.100.000	3.800.000	3.800.000

Les grands ports d'Alger et d'Oran qui viennent en tête avec un trafic total de 18.500 *navires (entrés et sortis) pour un tonnage de jauge total de* 32.000.000 *de tonnes et un tonnage effectif de marchandises de* 6.600.000 *tonnes, se classent immédiatement après Marseille et le Havre au point de vue du tonnage de jauge total ; après Marseille, Le Havre et Dunkerque au point de vue du tonnage de jauge des navires chargés ; après Rouen, Marseille, Dunkerque, Le Havre et Bordeaux au point de vue du tonnage effectif des marchandises embarquées et débarquées.*

Viennent ensuite :

Bône avec un trafic de 3.700 *navires entrés et sortis pour un*

1. Non compris les navires de guerre.

tonnage de jauge total de 4.000.000 de tonnes et un tonnage effectif de marchandises de 2.200.000 tonnes ;

Béni-Saf, Arzew, Mostaganem, Bougie, Philippeville et Djidjelli avec un trafic total de 6.800 navires entrés et sortis pour un tonnage de jauge total de 5.000.000 de tonnes et un tonnage effectif de marchandises de 1.600.000 tonnes ;

Enfin les petits ports de Nemours, Mers-el-Kékir, Ténès, Cherchell, Tipaza, Dellys, Tigzirt, Port-Gueydon, Collo, Herbillon, Stora, La Calle, avec un trafic total de 7.500 navires entrés et sortis pour un tonnage de jauge total de 500.000 tonnes et un tonnage effectif de marchandises de 300.000 tonnes.

Les petits ports algériens sont des ports de pêche et des ports de refuge qui sont utiles parce que le long développement de la côte algérienne rend nécessaire des abris entre les grands ports et les ports de moyenne importance pour que les navires de faible tonnage puissent s'y réfugier lorsqu'ils sont surpris par le mauvais temps.

Ces petits ports permettent par ailleurs de draîner vers les grands ports les marchandises que l'on ne peut transporter facilement par terre à un prix raisonnable. Il ne faut pas oublier que l'Algérie a un relief très accusé et que le mauvais état du sous-sol ainsi que le régime pluvial torrentiel rendent les communications terrestres coûteuses à établir, à entretenir et à exploiter.

La côte est d'autre part le plus souvent abrupte de telle sorte qu'aucune ligne de chemin de fer ne peut la suivre. (Il faudrait faire un très long détour pour aller d'un point de la côte à un autre si l'on faisait tous les transports par voie ferrée ; on aboutirait ainsi à des prix de transport qui seraient prohibitifs).

Pendant le 1er siècle de l'occupation française, les ports algé-

riens ont pu faire face à leur trafic, malgré la progression rapide de ce trafic, sans faire appel comme les ports de la Métropole à un long développement de quais équipés mécaniquement. Les navires y opéraient le plus souvent, amarrés sur des coffres, à l'abri des jetées ; les chargements et les déchargements s'y faisaient par l'intermédiaire de chalands et mahonnes. On employait pour ces opérations la main-d'œuvre indigène, qui était abondante, avait un excellent rendement et était peu coûteuse.

Ces procédés rudimentaires ont permis d'accomplir de véritables tours de force au point de vue de la rapidité des opérations, à des prix bien inférieurs à ceux que l'on aurait obtenus si l'on avait adopté les méthodes de travail des ports métropolitains.

En 1930, *au moment où commence le* 2e *siècle de l'occupation française, la situation se trouve complètement modifiée. Le pays se développant très rapidement, l'agriculture, le commerce, l'industrie, les travaux publics et les travaux privés ont des besoins de main-d'œuvre qui sont considérables.*

L'Algérie traverse de ce fait une crise d'ailleurs aggravée par l'exode des travailleurs indigènes qui, commencé pendant la dernière guerre, s'est poursuivi depuis.

Il devient à l'heure présente impossible aux grands ports algériens de continuer à recourir aux seules méthodes de travail, qui leur suffisaient et réussissaient si bien avant 1914. *Il faut maintenant transformer ces grands ports pour y généraliser le travail bord à quai, et y assurer mécaniquement les chargements et les déchcrgements de marchandises.*

Cette transformation, déjà commencée, s'achèvera rapidement. Les Français et les Etrangers qui visiteront les ports algériens en 1930 *et qui y reviendront dix ans après seront surpris par les modifications importantes qu'on aura apportées dans ce délai relativement court, quand seront terminés les programmes d'extension et d'aménagement en cours d'exécution, qui ont pour objet la création de nouveaux bassins, la construction de nouveaux môles dans les bassins existants, la construction de nouveaux hangars-abris, la mise en service de nouvelles grues électriques pour le trafic des marchandises diverses et de nouvelles installations mécaniques pour le trafic des charbons et des minerais.*

CHAPITRE PREMIER

LES PORTS DU DÉPARTEMENT D'ORAN

PORT SAY (Adjeroud Kiss).

Signalée à 4 kilomètres à l'Est par le cap Milonia (altitude 212 mètres, poste optique) et à l'Ouest par les îles Zaffarines à 18 kilomètres, la plage du Kiss suit une ligne de 1.200 mètres de longueur, légèrement incurvée, orientée du Sud-Ouest au Nord-Est, où elle s'appuie à de hautes falaises. Elle est exposée à toutes les grosses mers.

En 1906, le lieutenant de vaisseau Louis Say construisit sur cette plage une petite crique artificielle de deux hectares, constituée par deux jetées rectilignes convergentes laissant au Nord une passe de 100 mètres qui devait être réduite à une cinquantaine de mètres. Les fonds dans la crique destinée à abriter des embarcations de petit tonnage, furent entretenues plusieurs années par dragage.

Depuis la guerre, aucun travail d'entretien n'a été exécuté ; la crique est presque entièrement ensablée et les jetées en partie démolies n'assurent plus la protection du mouillage.

Le matériel de l'entreprise d'acconage est en très mauvais état. Les marchandises débarquées ou destinées à l'exportation peuvent séjourner sur 200 mètres de terre-pleins empierrés. Les hangars qui existaient ont été démolis et la marchandise n'est plus abritée.

Par temps calme, les opérations se font assez facilement au moyen de gondoles à fond plat et d'équipes de chargeurs recrutés sur place. Le peu de profondeur de la mer oblige les navires d'un tirant d'eau supérieur à 3 mètres à se tenir très éloignés de la côte. La moindre houle forme des brisants et entrave les opérations.

Port-Say est relié à Marnia par la Route nationale n° 7 d'où se détachent quatre embranchements : le premier, peu après le marabout de Sidi-Amar sur Martimprey-du-Kiss, chemin très fréquenté aboutissant à Oudjda par le col du Garbous ; le second après Bal-el-Assa se dirigeant directement sur Nemours ; le troisième du marabout de Sidi-bou-Djenane et le quatrième après la Mouilah, ces deux derniers embranchements mettant Nemours en communication directe avec Martimprey-du-Kiss par une route qui traverse les plaines fertiles des Triffas, et avec Berkane par une autre route se détachant de celle de Martimprey.

NEMOURS

HISTORIQUE

La position de la plage de Nemours était indiquée sur les cartes anciennes par le nom de « Ad Fratres » donné aux deux rochers qui émergent du sein des flots à l'ouest de la rade (Les Deux Frères).

L'importance de cette plage facilement accessible aux navires de ravitaillement de l'époque et susceptible d'être mise en état de défense contre les incursions des arabes de l'intérieur, n'avait pas échappé au maréchal Bugeaud qui l'occupa en 1844, pour assurer le ravitaillement par mer des troupes qui opéraient sur la frontière marocaine dans la région d'Oudjda.

On n'y construisit d'abord que des baraquements en planches destinées à abriter le poste militaire.

C'est par une ordonnance royale du 24 décembre 1847 que le nom de Nemours fut donné à cette agglomération rudimentaire.

En 1854 l'occupation définitive de ce point de la côte ayant été décidée, une petite ville s'y créa rapidement.

Nemours est bâtie sur la partie sud de la plage, au pied de

la montagne de Touent, escarpement rocheux présentant un à pic de 80 mètres de hauteur au-dessus de la mer et limitant le fond de l'anse sur la moitié de sa longueur.

Sur le plateau de cette montagne, à 130 mètres d'altitude se trouvent les ruines de l'ancienne Djemaa Razaouat (la mosquée des razzias), repaire de forbans et d'écumeurs de mer sous les Berbères et les Turcs.

La mosquée aurait été construite par les Maures après leur expulsion d'Espagne par Philippe II.

Un mur d'enceinte crénelé, flanqué de bastions et de blockhauss court sur le pourtour de la ville et sur les crêtes rocheuses qui l'entourent au sud et à l'est.

La ville actuelle occupe un emplacement de 600 mètres de longueur sur 150 mètres de largeur moyenne entre l'à pic sud-ouest et la mer.

RENSEIGNEMENTS GÉOGRAPHIQUES ET HYDROGRAPHIQUES

A) Renseignements intéressant la navigation

1° *Description de la côte et de la région voisine du port :*

Le port de Nemours est situé par 1° 52' 17'' de longitude Ouest (Méridien de Greenwich) et 35° 6' de latitude Nord, au fond d'une anse sablonneuse de 1.300 mètres environ d'ouverture et de 400 mètres de creux, au milieu de laquelle débouche un petit cours d'eau appelé « Oued Gazouanah » et aussi « Oued Mersa ».

Cette petite baie est orientée de l'E.-N.-E. à l'O.-S.-O. à l'exposition directe de tous les vents dangereux et des grosses mers de Nord-Est, Nord et Ouest.

Elle est limitée à l'Est et à l'Ouest par deux pointes rocheuses à falaises très escarpées, n'ayant pas plus de 2 à 300 mètres de saillie.

Sur la pointe Est a été établi un poste optique communiquant avec les postes optiques du Djebel Keltoun à l'Est, près de Rachgoun, et de Milonia à l'Ouest.

Sur la pointe Ouest existe un phare à feu tournant à éclats blancs et à éclipses.

A 300 mètres au large de la pointe Ouest et au Nord de celle-ci, sont deux rochers, très pittoresques, aiguilles complètement accores, « Les Deux Frères », s'élevant verticalement comme deux colonnes, jusqu'à 24 mètres au-dessus de l'eau. Ils sont séparés par un chenal accessible aux petites embarcations.

Entre les Deux Frères et la pointe Ouest, et à 100 mètres environ de cette dernière, se trouvent deux autres rochers, en forme de tables rasantes à peu de hauteur au-dessus de l'eau (5 mètres environ) appelés « Les Deux Sœurs ».

Dans l'O.-N.-O. des Deux Sœurs, et à 100 mètres de distance, gisent des rochers à fleur d'eau.

2° *Profondeur :*

Sous les eaux, la plage, dont la direction est sensiblement rectiligne, plonge graduellement d'une manière uniforme et la ligne des fonds de 10 mètres passe en dehors de la baie.

La profondeur de la rade varie entre 1 m. 50 et 10 mètres jusqu'à 400 mètres au large.

Le mouillage en petite rade en dehors du port-abri se fait à la distance de 400 mètres par un fond de sable assez fin d'assez bonne tenue pour les ancres. Le mouillage en grande rade est à 6 à 700 mètres environ de terre par une profondeur de 16 à 17 mètres, et un fond de même nature que le précédent.

3° *Régime des vents :*

Les vents régnants dans la rade de Nemours sont les vents de N.-E. et N.-O.

Les premiers soufflent plus fréquemment l'été, tandis que les derniers dominent en hiver.

Les observations faites par le service du port montrent que les vents N.-E. sont dominants de mai à octobre, et ceux d'Ouest pendant les autres mois de l'année ; ces derniers donnent des mers plus grosses.

Les tempêtes sont assez fréquentes en hiver, elles sont très violentes par les vents du Nord.

Le port-abri présente en l'état actuel des travaux (jetées terminées, brise-lames émergeant sur une longueur de 120 m.), une protection efficace, même par grosse mer. En 1927, le nombre de jours où l'agitation de la mer a présenté trop de difficultés pour l'embarquement et le débarquement des marchandises en rendant toute opération impossible, a été de 18. Le nombre de jours où l'état de la mer a rendu ces opérations difficiles ou dangereuses a été de 28. Enfin la mer calme ou assez belle a permis toutes opérations pendant 315 jours.

4° *Courants :*

Les courants qui existent dans la rade varient suivant les vents, il en existe cependant un, produit par l'étranglement formé par la côte et les îlots, qui par vents d'Ouest balaie les sables et nettoie le fond dans cette partie de la rade. En outre, le grand courant de Gibraltar, de l'Ouest à l'Est, passe près de la côte de Nemours.

Le régime des sables de la plage de Nemours suivait, antérieurement à la construction des jetées actuelles, le régime des vents régnants ; lorsque les vents soufflaient d'Ouest ou du Nord-Ouest (et ce sont les plus durables), le sable de la plage était élevé à l'Ouest et porté à l'Est, alors que la plage s'étendait parfois jusqu'à la grue du débarcadère Est. Au contraire, lorsque le vent soufflait de l'Est pendant quelque temps, le sable était porté à l'Ouest et l'enrochement mis à nu, le perré et le quai de la Douane étaient à découvert. Mais ces sables restaient en général sur le bord de la mer et ne formaient point de bancs dans la rade vers la pointe Est, ni dans la direction des Deux Frères.

Le sable de Nemours est excellent.

5° *Régime de la Gazouanah :*

La Gazouanah appelée aussi « Oued Mersa » est une rivière d'un bassin étendu, formée par le confluent de l'oued Taïma et de l'oued Tléta, à 8 kilomètres en amont de Nemours. Elle disparaît sous terre à 4 kilomètres environ en amont de son embouchure et n'apparaît qu'à la suite de pluies persistantes. Son débit, en temps de crue exceptionnelle, atteint jusqu'à 300 mètres cubes par seconde.

Elle coule à l'ouest de la ville, à 150 mètres environ des fortifications. Le courant, après avoir brisé la barre de sable, amène à la mer un limon composé d'argiles et de sables que l'on distingue très nettement de ceux de la plage, par leur grain spécial provenant des éléments de roches granitiques traversées par la rivière. Le rivage dans cette partie semble s'avancer, mais l'ensablement, dû aux apports constants de la rivière, est peu sensible.

6° *Atterrages :*

La baie de Nemours, qui présente un développement de 1.300 mètres environ, est limitée à l'Est et à l'Ouest par des falaises rocheuses à pic, presque inaccessibles.

La rade est de facile abord, il n'y a pas d'écueil ni de récif à redouter.

De la pleine mer et de jour, les meilleurs points de reconnaissance de la rade de Nemours pour les navigateurs sont la montagne appelée Tadjera (861 mètres d'altitude), ou montagne carrée des Trara, l'ancien Khalcoricii des Romains, à environ 20 kilomètres au Nord-Est de Nemours, et le sommet culminant de la chaîne de montagnes du Djebel Filhaoucen (1.136 mètres) visible par temps clair à plus de 20 lieues marines au large.

C'est au sommet de ce dernier pic qu'un poste géodésique, à feux électriques, a été établi en septembre 1879 par le général Perrier pour déterminer le quadrilatère de jonction entre l'Espagne et l'Algérie.

De nuit, il faut reconnaître le feu du phare de Nemours.

Ce feu qui était de quatrième ordre, blanc et fixe jusqu'en

août 1907, a été modifié depuis. Il est maintenant à appareil lenticulaire ayant les caractéristiques suivantes :

Caractère du feu : feu à 3 éclats blancs, ayant le rythme suivant 3 éclats d'une seconde chacun, 2 éclipses de 2 '' 4 et une éclipse de 7 '' 2, total : 15 secondes.

Puissance lumineuse : 1.800 becs Carcel.

Portée en milles atteints ou dépassés pendant :

les 50 % de l'année : 27 milles.
les 90 % de l'année : 14 milles 5.

Hauteur du foyer au-dessus des hautes mers : 93 m. 00.

Longitude Ouest : 1° 51' 29" (Méridien de Greenwich).

Latitude Nord : 35° 5' 54".

L'amplitude d'horizon éclairé par le phare de Nemours est de 152°, angle compris entre deux lignes aboutissant au cap Milonia, à l'Ouest, et au cap Noë, à l'Est.

Les passes sont éclairées par deux feux fixes, vert et rouge, placés respectivement sur les jetées Ouest et Nord, et deux bouées lumineuses flottantes, placées aux deux extrémités du brise-lames en construction.

B) Communications avec l'intérieur

Les communications avec l'intérieur sont assurées par les routes suivantes :

Chemin de grande communication n° 46 de Nemours à Marnia par Nédromah, de 48 kilomètres de longueur, aboutissant à Marnia sur la route nationale n° 7 de Relizane au Maroc ;

Chemin direct de Nemours à Tlemcen, de 72 kilomètres de longueur, empruntant le chemin de grande communication nº 46 entre Nemours et Nédromah, le chemin 38 entre Nedromah et Hennaya et le chemin 47 d'Hennaya à Tlemcen.

Chemin de Nemours à Adjeroud et Port-Say sur 60 kilomètres. Un premier embranchement se détache de ce chemin au lieu dit « Colonne de Sidi Brahim » et se dirige sur Boudjenane à la rencontre de la route nationale nº 7, embranchement de Port-Say, mettant ainsi Nemours en communication directe avec Oudjda ; la distance entre ces deux villes étant de 60 kilomètres seulement par cette voie.

Un deuxième embranchement, au lieu dit Camp de Martimprey, se détache également de ce chemin et permet d'accéder facilement au cœur du territoire des Beni-Snassen jusqu'à Berkane et Charrâa.

Enfin le chemin dit du littoral, de Nemours à Raschgoun, entrepris pour relier Nemours à Béni-Saf, est ouvert sur 25 kilomètres et son exécution se poursuit en ce moment.

La construction prochaine d'une voie ferrée de 54 kilomètres de longueur passant par Boudjenane et aboutissant à Zoudj-el-Berhal près de Marnia reliera Nemours à la ligne principale Oran-Tlemcen-Oudjda.

DESCRIPTION DU PORT

A) État actuel

1º *Ouvrages* :

La rade de Nemours est accessible aux navires de toutes dimensions.

Quant au port il est accessible aux navires dont le tirant d'eau ne dépasse pas 7 mètres.

DESCRIPTION GÉNÉRALE DU PORT

Le port de Nemours est composé de deux jetées convergentes abritant une darse de 20 hectares environ. La passe sera protégée par un brise-lames actuellement en construction.

I. *Jetées :*

La jetée Nord de 410 mètres de longueur se détache de la pointe Est et se dirige sur le rocher le plus au large des « Deux Frères ».

La jetée Ouest de 440 mètres de longueur, ayant la forme d'un V très ouvert, le V renversé vers le large, est enracinée sur la plage à 100 mètres de l'estuaire de la Gazouanah. La première branche du V a 135 mètres et la 2e branche 305 mètres.

II. *Quais :*

Nemours possède deux quais :

Le quai Ouest établi au pied même de la falaise à pic, a une largeur variant de 5 à 20 mètres et est composé de deux branches ayant respectivement 35 à 40 mètres de longueur ; son couronnement est arasé à (+ 1,50).

Ce quai n'est pas abrité ; il est en partie ensablé, et, en raison surtout de son éloignement de la ville (un kilomètre), il n'est plus utilisé.

Le quai Est, situé à l'enracinement de la jetée Nord et protégé par celle-ci, a une largueur variant de 6 à 15 mètres et une longueur de 100 mètres. Son couronnement est arasé à la côte (+ 2,50). Il est accessible au moyen de chalands d'un faible tirant d'eau. Une partie est réservée à l'entreprise du port, l'autre est utilisée par le commerce.

Les opérations commerciales ne se font du reste à quai que lorsqu'on est obligé de se servir de la grue pour les colis trop lourds qui ne peuvent être embarqués ou débarqués à la plage, ou lorsque le mauvais temps ne permet pas l'approche de celle-ci.

En dehors de ces cas particuliers, et pour éviter les frais de transport du quai aux magasins de la ville (lesquels sont groupés sur la plage autour de la Douane), les marchandises à débarquer sont transportées dans de fortes chaloupes non pontées qui peuvent charger dix tonnes et se manœuvrant à l'aviron ; on les échoue, par l'avant, à la plage. Le débarquement s'opère à bras, les hommes entrant dans l'eau parfois jusqu'à la ceinture, et les marchandises sont portées à dos d'homme de la chaloupe au magasin. On procède de la même façon pour l'embarquement.

Les terre-pleins ont une superficie de 2 hectares environ. Il n'existe à Nemours aucune cale de halage ; la mise à terre des embarcations se fait directement sur la plage en pente douce à l'aide de palans.

2° *Outillage : Grue.*

L'administration des Ponts et Chaussées met gratuitement à la disposition des équipes de dockers, sur le quai réservé au commerce, une grue fixe à manivelle d'une puissance de 5 tonnes.

Les magasins sont situés près de la Douane. Les plus grands appartiennent aux principales compagnies côtières, d'autres plus petits ont été construits dans des bâtiments édifiés en 1913 sur l'emplacement de l'ancien parc d'artillerie.

B) Travaux en cours d'exécution

Brise-lames :

Les travaux en cours comprennent la construction du brise-lames ; adjugés le 22 décembre 1922 à la Société des Grands Travaux Algériens, ils ont été commencés en 1923 et seront vraisemblablement terminés vers 1930.

L'axe du brise-lames passe à 130 mètres de la jetée Nord, distance mesurée sur une ligne faisant un angle de 98° 30', avec cette jetée Nord. Un deuxième point de la ligne d'implantation de cet axe est représenté par un repère placé au sommet de l'îlot des « Deux Frères » le plus éloigné de la terre.

Le brise-lames aura une longueur de 375 mètres entre les centres des deux musoirs. Il est construit par des fonds variant de (— 12,00) à (— 14,50).

Etat des travaux au 1er janvier 1928 :

L'infrastructure est terminée sur une longueur de 300 mètres à partir du centre du musoir Est ; le noyau est terminé sur toute la longueur de l'ouvrage et l'on procède au revêtement en gros enrochements de la partie de ce noyau non encore revêtue.

C) Projets

En raison de la construction prochaine de la ligne Oudjda-Nemours qui amènera à Nemours les minerais de la région de Bou-Karfa et une partie des produits du Maroc oriental, d'importants travaux d'aménagement (dragages et quais) et d'extension sont actuellement à l'étude.

1° *Renseignements généraux :*

Au point de vue commercial, le port de Nemours n'a pas de relations concernant la navigation au long cours.

La navigation au cabotage des mers d'Europe y est de peu d'importance. On y charge cependant du crin végétal pour l'Italie et l'Allemagne, du bois de tizra pour l'Allemagne, des salaisons pour l'Italie, des légumes, des volailles et des œufs pour l'Espagne, du marbre pour l'Italie et la France, des céréales pour la France et l'Angleterre.

Pendant les dernières opérations du Riff, le port de Nemours a servi de port d'attache à plusieurs contre-torpilleurs de l'escadre de la Méditerranée.

Le trafic du port de Nemours se fait principalement avec Oran pour les marchandises diverses.

Le graphique ci-contre indique le développement du trafic.

Pêche.

En 1927 on a vendu 2.630.420 kilogs de poisson. Cette vente a rapporté 2.753.000 francs.

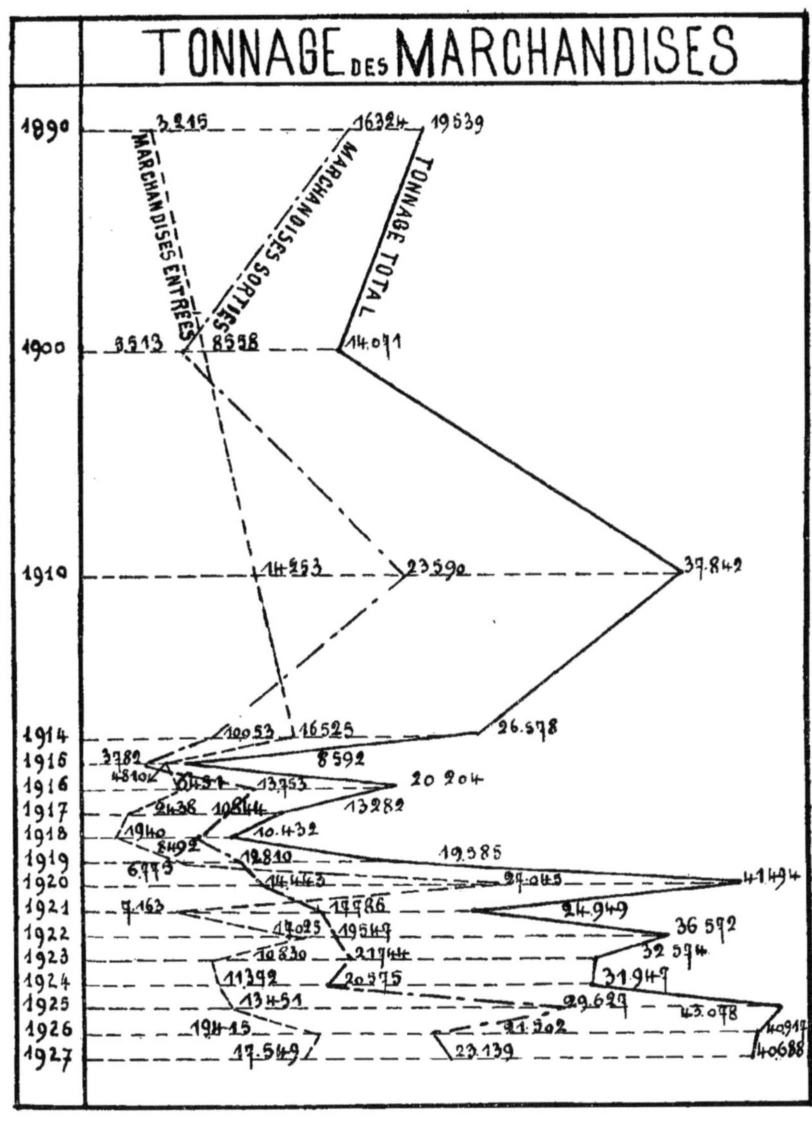

TONNAGE DES MARCHANDISES
MARCHANDISES ENTRÉES
MARCHANDISES SORTIES
TONNAGE TOTAL
1890
3.215
16324
19539
1900
5513
8558
14.071
1910
14253
23590
37.842
1914
10053
16525
26.578
1915
3782
8592
1916
13.753
20 204
1917
2438
10844
13282
1918
1940
8492
10.432
1919
12840
19.385
1920
14443
27.045
41494
1921
7.163
17786
24.949
1922
17025
19547
36 572
1923
10830
21744
32 574
1924
11392
20575
31.947
1925
13451
29.627
43.078
1926
19415
21.502
40917
1927
17.549
23.139
40688

CAP KELAA DE BIEDER

Signalée par le phare de Nemours à l'Est, et celui des Zaffarines à l'Ouest, la rade du cap Kélaa (2° 5' de longitude Ouest-Greenwich) est orientée vers le Nord-Ouest ; elle est abritée au Nord-Ouest et à l'Ouest par le cap Kélaa ou pointe de Portecico. Sa profondeur varie de 4 à 8 mètres.

Le bureau du cap Kélaa n'est pas ouvert à l'importation des marchandises étrangères, mais seulement à l'exportation dont le mouvement est alimenté par le minerai de fer tiré de la mine de Sebabna, centre du Djebel Alouïa et expédié à destination de Middlesborough (Angleterre).

Le cap Kélaa qui se trouve sur le tracé de la route stratégique Nemours-Adjeroud-Kiss, n'est pour l'instant relié par aucun chemin carrossable aux localités environnantes.

La rade est fréquentée par des navires de diverses compagnies de toutes nationalités et par les petits vapeurs côtiers qui apportent d'Oran le ravitaillement de Kélaa et de la mine de Sebabna nécessaire aux besoins locaux.

La taxe de péage n'est pas perçue, et c'est gratuitement que se font les opérations de pilotage, d'amarrage et d'acconage, assurées par la Compagnie concessionnaire des Mines.

La plage à pente douce est à accoster avec précautions à cause de nombreux affleurements rocheux. Halage à terre facile et sûr. Eau douce. Oued.

Grandes facilités de ravitaillement grâce à la mine anglaise de Sebabna toute proche. Embarcadère de cette mine constitué par un wharf établi à Portecico même.

Vivres abondants, essence, huiles à machines, ateliers.

Bon matériel maritime, deux allèges, haussières, bouées d'amarrage. Personnel exercé aux manœuvres.

HONAINE

Signalée par le phare de Raschgoun à l'Est, et celui de Nemours à l'Ouest, la rade d'Honaïne est orientée vers le Nord-Ouest, elle est abritée au Nord et au Nord-Ouest par la montagne de Sidi-Brahim et le cap Noé. Sa profondeur varie de 3 à 12 mètres.

Le bureau d'Honaïne n'est pas ouvert à l'importation des marchandises étrangères, mais seulement à l'exportation dont le mouvement est alimenté par le minerai de fer tiré du centre de Raz-el-Maden et expédié à destination de Rotterdam (Pays-Bas).

Honaïne, qui se trouve sur le tracé de la route stratégique de Béni-Saf à Nemours, n'est pour l'instant reliée par aucun chemin carrossable aux localités environnantes.

Cette rade n'est fréquentée que par les navires de la Compagnie Muller de Rotterdam, et par les petits vapeurs côtiers qui apportent de Béni-Saf, de Nemours ou d'Oran, les combustibles, les matériaux et les produits fabriqués nécessaires à la population industrielle et chargent en retour quelques-uns des produits de la culture locale.

Il n'y est pas perçu de taxe de péage et les opérations de pilotage, d'amarrage et d'acconage sont faites gratuitement par la Compagnie concessionnaire des Mines.

BÉNI-SAF

HISTORIQUE

Le port de Béni-Saf a été concédé par décret du 14 juin 1876 à la Compagnie des Usines de Soumah et de la Tafna, fusionnée aujourd'hui avec la Compagnie de minerais de fer magnétiques de Mokta-el-Hadid.

A l'époque de la concession, les navires ne pouvaient approcher de la côte qu'à une distance minimum de 500 mètres et l'on transbordait le minerai dans de petites barques que la plus faible houle obligeait de tirer sur la plage ; d'un autre côté, à la moindre apparence de mauvais temps, les navires étaient obligés de dérader et de partir avant d'avoir complété leur chargement.

On ne pouvait, dans de semblables conditions, assurer l'exploitation d'un tonnage important, en rapport avec la production considérable que les gîtes étaient susceptibles de fournir et la Compagnie prit sans tarder le parti de construire un port où les navires pussent trouver un abri en tout temps et effectuer leur chargement sans discontinuité.

Une demande adressée à cet effet par la Compagnie le 24 mai 1875, fut soumise à l'instruction réglementaire et le

14 juin 1876, un décret prononçait la déclaration d'utilité publique des travaux de construction du port de Béni-Saf et autorisait la Compagnie de Soumah et de la Tafna, à établir ce port à ses frais, risques et périls, sans subvention ni garantie d'intérêt de l'État, conformément aux dispositions générales d'un plan présenté par elle et aux conditions d'un cahier des charges annexé.

Voici, en résumé, les principales obligations imposées à la Compagnie par ce cahier des charges.

1° Obligation d'exécuter les travaux sous le contrôle et la surveillance de l'Administration et conformément aux projets préalablement approuvés par elle ;

2° Obligation d'entretenir le port pendant toute la durée de la concession fixée à quatre-vingt-dix-neuf ans.

3° Faculté du rachat de la concession entière réservée au Gouvernement ;

4° Obligation par la Compagnie de recevoir tous les navires que les gros temps conduiraient à se réfugier dans le port sans qu'ils puissent être assujettis à aucun droit quelconque d'entrée, de tonnage ou d'ancrage ;

5° Établissement à ses frais des voies d'accès aux quais et jetées mis à la disposition du public.

Voici maintenant les avantages accordés à la Compagnie en compensation des travaux et dépenses laissés à sa charge :

1° Jouissance pendant la durée entière (99 ans) de la concession, des ouvrages du port, jetées, quais et dépendances ;

2° Droit exclusif à l'accostage des quais construits sur les jetées de l'Ouest et du large ;

3° Perception, conformément aux tarifs annexés, de droits pour l'embarquement ou le débarquement des marchandises autres que celles en provenance ou à destination de la Compagnie, ainsi que des droits de magasinage ou entrepôt de ces marchandises sur les quais et terre-pleins.

Les travaux du port ont été entrepris au commencement de l'année 1877 et terminés à la fin de l'année 1880, une décision du Gouverneur Général de l'Algérie, en date du 30 mai 1881, en a prononcé la réception définitive.

RENSEIGNEMENTS GÉOGRAPHIQUES ET HYDROGRAPHIQUES

A) Renseignements intéressant la navigation

1° *Description de la côte et de la région voisine du port.*

Le port de Béni-Saf est situé au fond d'une baie tèrs ouverte qui s'étend de Raschgoun au cap Figalo, à quatre milles à l'est de l'embouchure de la Tafna, dont le bassin comprend la presque totalité de l'arrondissement de Tlemcen, et au confluent de deux petits ravins : l'oued Hamed et l'oued Boukowedan.

Sa position géographique est la suivante (feu de la jetée) :

Longitude Ouest : 1° 21' 57 » (Méridien de Greenwich) ; latitude Nord : 35° 18' 29".

De part et d'autre du port, la côte est formée par de hautes falaises constituées par des bancs de grès alternant avec de puissantes couches de sable et reposant sur un substratum de roches anciennes très dures. Ces falaises, sous l'action des vagues et des intempéries, subissent des éboulements qui, repris par la mer pendant les gros temps et transportés d'un côté ou de l'autre suivant la direction des courants viennent remplir les anses et le port lui-même de dépôts sableux.

La rade offre un mouillage excellent, la tenue y est bonne et, d'avril à octobre, les opérations sont faciles dans la rade même.

Dans le port, toutes les opérations commerciales se font avec une très grande facilité et une complète sécurité.

Le port de Béni-Saf sert de refuge aux navires côtiers seulement : le nombre de navires venus s'y réfugier en 1926 est de 8 dont 4 voiliers et 4 vapeurs.

La région qui entoure Béni-Saf jusqu'à une distance de 20 kilomètres est extrêmement riche en minerais de fer, dont l'exploitation a pris une très grande importance et a attiré sur ce point, naguère désert, une nombreuse population d'ouvriers et de commerçants. Une petite ville s'y est rapidement créée et des habitations s'élèvent aujourd'hui sur toutes les pentes dominant le port et notamment sur la rive droite de l'oued Hamed, où la Compagnie concessionnaire des Mines et du port a établi ses premières installations. Sa population est de 10.795 habitants dont 4.798 européens et 5.997 indigènes (recensement de 1926). Cette population est attachée en majeure partie à l'exploitation des Mines.

2° *Courants et profondeurs :*

La plage de sable sur laquelle a été établi le port de Béni-Saf présente une inclinaison régulière, d'ailleurs faible (20 mètres de profondeur à 1 kilomètre de la côte).

Les sables se déplacent sous l'action des vents et des courants, ces derniers variant comme les vents au voisinage de la côte. Des observations faites sur le littoral oranais, on avait conclu que la résultante des actions était un transport des sables de l'Ouest à l'Est ; cette conclusion s'est trouvée vérifiée, la construction des jetées de l'Ouest et du large ayant provoqué un relèvement considérable de la plage. Il se fait toutefois également des apports de l'Est, mais la Compagnie a pu par des dragages, sans dépenses excessives, atteindre et maintenir dans la passe et le chenal d'accès des profondeurs de 9 mètres.

Le port a été également approfondi et des fonds de 8 mètres ont été réalisés sur une superficie de 12 hectares.

Par les plus fortes marées la différence de niveau est de 0 m. 65.

3° *Régime des vents :*

D'après les observations faites au phare de l'île de Rachgoun, les vents dominants dans ces parages sont ceux d'Ouest et de Nord-Ouest, pendant la saison d'hiver et ceux d'Est et de Nord-Est pendant la saison d'été ; ces derniers sont rarement violents, tandis que les premiers occasionnent généralement les plus fortes tempêtes.

Les tempêtes sont dans ces parages assez fréquentes et parfois d'une extrême violence.

Les vagues ont atteint des hauteurs de 10 à 15 mètres, mais en temps ordinaire, elles varient entre 2 et 5 mètres.

On a compté, en 1927, 13 jours pendant lesquels les opérations ont présenté des difficultés et 8 jours pendant lesquels les opérations ont été impossibles et suspendues, par suite de l'agitation de la mer.

4° *Atterrages :*

La côte est formée par de hautes falaises très dangereuses et inaccessibles.

Le point remarquable le plus voisin est l'île de Raschgoun, distante de 8 kilomètres, vis-à-vis de l'embouchure de la Tafna, sur laquelle est installé un phare tournant à éclats blanc et rouge de 10 en 10 secondes, dont la portée lumineuse est de 25 milles : et dont l'altitude (plan focal) est à 81 m. 80 au-dessus du niveau de la mer.

L'extrémité de la jetée du large du port de Béni-Saf est signalée par un feu vert fixe élevé de 11 m. 75 au-dessus du niveau de la mer et d'une portée lumineuse de 3 milles.

B) Communications avec l'intérieur

Les voies de communication qui desservent le port de Béni-Saf sont les suivantes :

1° Chemin de G. C. n° 10 de Béni-Saf à Aïn-Temouchent : 34 kilomètres.

2° Chemin de G. C. n° 47 de Béni-Saf à Tlemcen par Montagnac : 68 kilomètres.

3° La ligne de chemin de fer Béni-Saf-Tlemcen.

Ainsi que nous l'avons dit plus haut le port de Béni-Saf dessert toute la vallée de la Tafna jusqu'à Tlemcen ; il importe des matériaux de construction et des engrais à destination de cette région et exporte les produits du pays (céréales, vins, crin végétal et salaisons).

DESCRIPTION DU PORT

A) État actuel

1° *Ouvrages :*

Le port de Béni-Saf est constitué par un bassin rectangulaire de 18 hectares environ, abrité par trois jetées dites de l'Est, de l'Ouest et du Nord.

Les deux premières sont enracinées au rivage et dirigées vers le Nord 26° 30' ; la jetée du Nord appelée aussi jetée du large, court dans une direction perpendiculaire et se raccorde avec la jetée Ouest par une courbe de 60 mètres de rayon.

La distance entre les jetées de l'Est et de l'Ouest est de 360 mètres d'axe en axe : la passe d'entrée couverte entre la jetée du large (Nord) et l'extrémité de la jetée de l'Est a 160 mètres au niveau de la mer.

Enfin, la jetée du Nord se prolonge sur 160 mètres au delà de l'alignement de la jetée de l'Est pour couvrir la passe de l'avant-port.

La jetée Est, réservée au commerce, comprend :

1° sur 200 mètres à partir de son enracinement une partie élargie formant un terre-plein de 60 mètres de largeur ;

2° sur 70 mètres à partir de cet élargissement, un massif en enrochements de 14 mètres de largeur au niveau de la mer ;

3° sur 55 mètres de longueur le long du terre-plein, un mur de quai construit en blocs artificiels descendus à la cote (— 6,50) et reposant sur une fondation en enrochements.

Le couronnement du mur de quai est arasé à la cote (+ 3,00).

La jetée Ouest comprend un massif en enrochements naturels de 14 mètres d'épaisseur au niveau de la mer, couronné par une plateforme en maçonnerie de 7 mètres de largeur et de 2 mètres de hauteur, arasée à la cote 2,50. Cette plateforme est surmontée d'un mur en arcades de 4 mètres de largeur et de 4 m. 50 de hauteur qui supporte les voies ferrées desservant l'estacade d'embarquement des minerais.

Ouvrages destinés aux opérations commerciales

a) *Ouvrages de la Compagnie :*

L'embarquement du minerai se fait exclusivement au moyen d'un appontement spécial établi à la jetée Ouest et desservi par une voie ferrée de 0 m. 75 de largeur. Le chargement des bateaux se fait au moyen d'une courroie sans fin.

b) *Ouvrages destinés au commerce général :*

Le débarquement et l'embarquement des marchandises sur la jetée Est réservée au commerce, se fait au moyen de quatre appontements en charpente et d'un quai droit de 55 mètres de long pouvant recevoir des bateaux bord à quai de 6 m. 50 de tirant d'eau. Ce quai est desservi par une voie ferrée reliée aux voies de la gare de Béni-Saf située à l'Ouest du port. La superficie du terre-plein formé par l'élargissement de la jetée est de 12.000 mq environ.

2° *Outillage :*

La Compagnie concessionnaire a fait construire, sur la partie Sud de la jetée Est, et livrer au commerce :

Un hangar mesurant 50 mètres de longueur sur 8 mètres de largeur ; la moitié en est louée à une fabrique de crin végétal, l'autre moitié est louée aux chalutiers et aux courtiers maritimes.

Deux docks magasins de 50 mètres de long et 15 mètres de large, divisés en quatre compartiments chacun, mis à la disposition des agents maritimes.

En outre, il a été construit deux autres petits *hangars* de 8 mètres de côté, destinés à la vente du poisson à la criée. Ces magasins sont desservis par des voies ferrées de quai exploitées par la Compagnie P.-L.-M. suivant convention passée entre cette Compagnie et la Compagnie Mokta-el-Hadid, le 7 mars 1924 et approuvée par décret du 19 novembre 1926. La Compagnie possède une *grue* montée sur chaland de la force de 40 tonnes, un *bateau dragueur* destiné à maintenir la profondeur dans le port et la passe, et un *ber* servant à mettre à terre des bateaux à l'aide d'un treuil à vapeur.

B) Travaux en cours d'exécution

Néant.

C) Travaux projetés

Néant.

RENSEIGNEMENTS COMMERCIAUX ET STATISTIQUES

Le mouvement commercial du port de Béni-Saf consiste principalement dans l'exportation du minerai de fer exploité par la Compagnie de Mokta-el-Hadid, concessionnaire du port.

Ce minerai est expédié pour la presque totalité à l'étranger, principalement en Grande-Bretagne et aux États-Unis.

Depuis le 15 décembre 1924 que la ligne Béni-Saf-Tlemcen a été ouverte à l'exploitation, plusieurs vapeurs ont apporté directement de Marseille à Béni-Saf des produits — matériaux de construction et engrais — destinés aux régions de Tlemcen et Oudjda.

Le port de Béni-Saf exporte, en petites quantités, sur la Métropole, du vin, des céréales, et sur l'Angleterre, du crin végétal et de l'alfa.

Le cabotage, très restreint, n'a d'autre office que d'approvisionner les mines et les habitants de Béni-Saf. Il est assuré par des petits vapeurs de moins de 100 tonneaux qui font un service presque hebdomadaire.

Les marchandises débarquées consistent en denrées alimentaires, matériaux de construction et charbon destiné à la Compagnie.

Les graphiques ci-après indiquent le mouvement général de la navigation et le développement du trafic.

TONNAGE DES MARCHANDISES

MARCHANDISES ENTRÉES — MARCHANDISES SORTIES — TONNAGE TOTAL

Année	Marchandises entrées	Marchandises sorties	Tonnage total
1890	4.257	354.287	358 544
1900	4.233	390.412	394 645
1910	11.401	410.778	422 179
1915	8.405	219.791	228.196
1916	5.134	203.806	208.940
1917	8.030	416.856	424.886
1918	1.850	414.093	415.943
1919	6.900	386.020	392.920
1920	13.883	609.093	622.978
1921	9.718	235.188	244.906
1922	11.293	478.301	489.594
1923	14.358	542.599	556.957
1924	16.177	579.730	595.907
1925	27.349	443.899	471.248
1926	26.137	344.223	370.360
1927	31.270	702.624	733.874

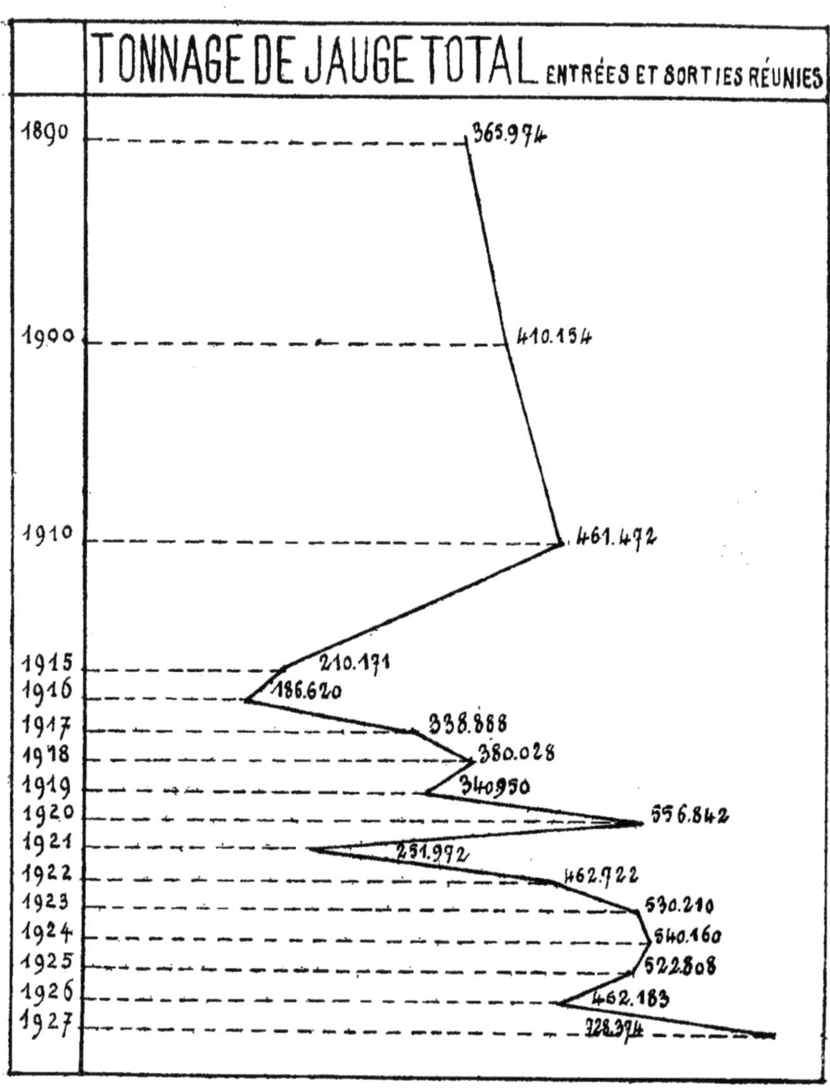

TONNAGE DE JAUGE TOTAL
ENTRÉES ET SORTIES RÉUNIES
1890
365.974
1900
410.154
1910
461.472
1915
210.171
1916
186.620
1917
338.888
1918
380.028
1919
340950
1920
556.842
1921
251.992
1922
462.722
1923
530.210
1924
540.160
1925
522.808
1926
462.183
1927
728.374

ORAN-MERS-EL-KÉBIR

HISTORIQUE

Les renseignements historiques ne permettent pas actuellement de reporter les origines d'Oran au delà du ixe siècle ; l'abondance des eaux en ce point du littoral, la sûreté du mouillage de Mers-el-Kébir, enfin le voisinage de la côte d'Espagne ont fait supposer à quelques historiens que les Tyriens ou les Carthaginois avaient dû y fonder une colonie ; cette hypothèse n'est appuyée sur aucun fait.

La ville paraît avoir été fondée vers la fin du ixe siècle par les Arabes de la côte d'Andalousie pour la facilité des relations entre les Maures de l'Espagne et ceux de l'intérieur de l'Afrique.

La situation particulièrement favorable de l'emplacement choisi a assuré, dès le début, une certaine importance à Oran.

La population ressentit souvent le contre-coup des guerres qui désolèrent le Moghreb ; la ville ne cessa cependant de se développer et de voir grandir son influence jusque vers la fin du xve siècle. A cette époque, Oran et Mers-el-Kébir deviennent des nids de pirates qui portent la désolation sur les côtes avec lesquelles on n'avait naguère que des relations pacifiques.

Pour mettre un terme aux ravages exercés par les pirates, les Portugais s'emparèrent d'Oran et de Mers-el-Kébir en 1415. Ils en furent chassés par les troupes Tlemcenniennes en 1437 et durent abandonner cette conquête. La nécessité d'empêcher les courses des pirates dont le nombre augmentait chaque jour, les obligea à occuper de nouveau Oran de 1471 à 1477.

Après la chute de Grenade (1492), les Maures chassés d'Espagne vinrent grossir encore le nombre des pirates qui ravageaient la partie Ouest de la Méditerranée et de nouvelles expéditions furent organisées contre Oran.

Après plusieurs entreprises infructueuses (expédition espagnole en 1497, expédition portugaise en 1501, nouvelle expédition espagnole en 1505-1507), les Espagnols finirent par s'emparer d'Oran en 1509 et le conservèrent jusqu'en 1708, époque à laquelle ils en furent chassés par les Turcs. Les pirates redevinrent les maîtres de la mer.

Ce fut seulement en 1732, quelques années après la paix d'Utrecht, que l'Espagne put reprendre Oran et assurer ainsi la sécurité de ses côtes.

La ville, qui fut en partie détruite par un tremblement de terre en 1790, resta sous la domination espagnole jusqu'en 1792 ; à ce moment, les Espagnols engagés dans une guerre continentale, traitèrent avec le Dey d'Alger pour la reddition de la place et l'évacuèrent complètement, et la ville resta aux Turcs jusqu'au moment de l'occupation française (1831).

Les Espagnols avaient déjà reconnu la nécessité d'avoir, à Oran, sinon un port, du moins un abri pour les embarcations qui devaient faire les transports entre la rade de Mers-el-Kébir et la ville et, en 1736, ils commencèrent une jetée enracinée au bec de rocher situé au sud du fort Lamoune. Sa longueur était de 12 mètres quand elle fut en partie détruite par la tempête du 5 février 1738. Mal entretenue par les Turcs, dégradée sans cesse par la mer, cette digue s'affaissa peu à peu ; en 1833, elle ne dépassait pas le niveau de l'eau et les matériaux qui la composaient ne formaient plus qu'une chaîne d'écueils et de récifs. Cette jetée était à la place occupée aujourd'hui par le quai du Centre.

A la même époque, les Espagnols firent élever sur la plage, un peu au sud de la jetée, un solide corps de garde appelé *corps de garde du môle* ; cette construction comportait une voûte garnie d'une herse et d'un pont-levis ; elle était armée d'une batterie de 4 canons installée sur les terrasses.

Au sud de cette entrée, le long de la plage, de grands magasins voûtés avaient été creusés dans le roc de 1786 à 1788 ; l'un de ces magasins, le plus rapproché du môle, était creusé un peu en contrebas du niveau de la mer et communiquait avec la rade par un chenal étroit. On l'appelait « El Banquille » (le petit banc), et on y mettait à l'abri les marchandises destinées à être embarquées. Quelques barques pouvaient y trouver un abri pendant le mauvais temps ; en 1833, cette grotte était dans le plus mauvais état et menaçait de s'effondrer.

Enfin, les Espagnols avaient commencé deux quais : l'un le long des magasins voûtés, orienté à peu près Nord-Sud ; l'autre, au Sud de la baie, dans une direction perpendiculaire ; ils sont désignés, peu après la conquête, sous les noms de *Quai des magasins et de Quai Sainte-Marie.* Entre les deux alignements, une plage avait été conservée pour le halage à terre des embarcations.

Le quai Sainte-Marie était construit en pierres dures, de très haut appareil et protégé par un cordon d'enrochements ; aussi s'est-il conservé malgré la faible épaisseur du revêtement qui ne comprenait que ces pierres de haut appareil posées à sec et à joints incertains. Quant au quai des Magasins, probablement moins bien construit, il était entièrement ruiné au moment de l'occupation française.

RENSEIGNEMENTS GÉOGRAPHIQUES ET HYDROGRAPHIQUES

A) Renseignements intéressant la navigation

1° *Description de la côte et de la région voisine du port :*

La côte d'Algérie, dans la province d'Oran, est orientée du Sud-Ouest au Nord-Est.

La ville d'Oran est située sur cette côte à peu près à égale distance des limites du Maroc et de la province d'Alger, au fond du golfe compris entre la pointe de l'Aiguille et le cap Falcon. La ville est bâtie au pied de l'extrémité Est d'une chaîne de montagnes dont la direction générale est la même que celle de la côte ; le sommet dominant Oran, à l'Ouest, et dont les derniers contreforts viennent former la pointe Lamoune, porte le nom de « Djebel Mourdjadje ».

Position géographique (Tour de l'ancien feu de la grande jetée du Port).	Latitude Nord : 35° 42' 56".
	Longitude Ouest : 2° 58' 53".

Le port de Mers-el-Kébir est situé dans la partie occidentale de la baie d'Oran, à 3 milles au N.-O. de cette ville. Sa position géographique déterminée par celle du phare est la suivante :

Latitude Nord :	35° 44' 21"
Longitude Ouest :	3° 1' 52"

La pointe « Ahuja », mieux connue sous le nom de « Pointe de l'Aiguille », est formée par un amas de roches escarpées presque entièrement dépourvues de végétation et ressemble, dans certaines positions, au cap Ferrat ; elle est terminée comme lui par un sommet pointu. Elle a auprès d'elle, à une distance de une encâblure et demie vers le Nord, un rocher pyramidal d'environ 54 mètres de hauteur qui a été appelé Aiguille par les européens et Seba Pharaon (pouce du Pharaon) par les Maures. De loin, cette aiguille ressemble assez à un bâtiment à la voile ; elle est inaccessible ; on voit quelques roches crochues à son pied.

Au sud de la pointe Ahuja on trouve une petite baie dans laquelle on peut mouiller par les vents d'Est ; mais quand ils sont frais on doit s'attendre à y recevoir de fortes rafales.

Après avoir doublé la pointe de l'Aiguille, en venant vers l'Ouest, on voit la côte se diriger au Sud, puis au Sud-Sud-Ouest jusqu'à la pointe Canastel où elle forme une baie assez grande qui est peu fréquentée, si ce n'est par les barques du pays. On y mouille, par les vents d'Est, au pied de la montagne des Lions ou de Saint-Augustin, remarquable par sa forme, sa hauteur (615 mètres) et son isolement. La côte est, dans cette partie, formée par de hautes falaises coupées par des éboulements. C'est un peu au Sud de Canastel qu'elles sont le plus élevées. Elles diminuent progressivement de hauteur jusqu'auprès d'Oran, au cap Blanc ou pointe du

Ravin Blanc, à l'Ouest de laquelle débouche le ravin de ce nom. Cette pointe sert d'enracinement à la branche Sud de la Traverse dite du Ravin Blanc, laquelle s'avance vers le large dans une direction sensiblement Sud-Est, Nord-Ouest et ferme, à l'Est, le port d'Oran. Le port se prolonge jusqu'à la pointe rocheuse de Lamoune, limite occidentale de la baie d'Oran et point d'enracinement de la jetée du large.

Un fort est construit sur la pointe Lamoune dont il porte le nom.

A la pointe du fort Lamoune, la côte tourne à l'Ouest puis se courbe en remontant vers le Nord ; elle se joint enfin au fort de Mers-el-Kébir qui s'avance comme un môle vers l'Est et forme ainsi un abri naturel, le plus sûr de ceux qui existaient sur tout le littoral de l'Algérie avant la construction des grands ports.

Au voisinage des pointes de Lamoune et de Mers-el-Kébir, la côte rocheuse plonge presque verticalement vers la mer ; le fond de la baie est formé par des mamelons argileux s'élevant très rapidement, au pied desquels la mer vient s'amortir sur de petites plages de sable et de gravier.

Après l'éperon sur lequel sont construits le fort et le phare de Mers-el-Kébir, à feu fixe blanc, la falaise se dirige vers le Nord sur environ 500 mètres ; la côte tourne ensuite vers le Sud-Ouest, présentant toujours à la mer une muraille de rochers pendant l'espace de plus de un mille ; elle change ensuite tout à coup d'aspect et de direction, remonte au Nord-Ouest vers le cap Falcon et forme une baie très grande et très ouverte, bordée de sables et de falaises, connue sous le nom de « Las Aquadas » ou plage d'Aïn-el-Turck où le duc de Montemar débarqua en 1732 pour la prise d'Oran et qui se couvre de villas. Derrière elle, les terres ne sont plus élevées.

Le cap Falcon est divisé en deux pointes peu éloignées l'une de l'autre et faisant entre elles une crique sablonneuse.

La pointe la plus au Nord et la plus à l'Est a un mamelon plus élevé que le restant des terres, ce qui de loin le fait ressembler à une île. Le sol a une coloration foncée due à la présence d'un minerai de fer ; sur cette pointe est construit un phare.

Les deux pointes sont environnées de quelques roches ou îlots peu écartés.

2° *Profondeurs :*

A Oran, la passe d'entrée présente des fonds d'environ 15 mètres. La ligne des fonds de 10 mètres est sensiblement parallèle à la côte à l'Est de la passe et à 300 mètres de cette côte ; celle des fonds de 15 mètres également parallèle à la côte en est à 500 mètres environ.

A l'Ouest d'Oran, les lignes des fonds de 10 mètres et 15 mètres très proches de la côte au droit du fort Lamoune s'en écartent légèrement pour s'en rapprocher à des distances de 200 à 500 mètres au droit de Mers-el-Kébir.

3° *Régime des vents et tempêtes :*

Les vents prédominants sont les vents du Nord-Ouest, ceux de l'Ouest et ceux du Nord-Est viennent ensuite. Ceux qui amènent le mauvais temps sont généralement ceux de l'Ouest-Nord-Ouest. Le vent débute ordinairement par le Sud-Ouest avec le baromètre bas, puis passe à l'Ouest et au

Nord ; par les coups de vent du Nord-Est la mer devient grosse avant que l'on ressente le vent.

Les coups de vent du Nord sont les plus rares mais ce sont ceux qui soulèvent les plus grosses mers, celles qui atteignent quelquefois à Oran une violence extrême ; celles dont on a conservé le souvenir sont celles :

1° du 5 février 1738 qui détruisit la petite jetée de 42 mètres construite par les Espagnols en 1736 et enracinée au bec de rocher situé au sud du fort Lamoune ;

2° du 2 novembre 1869 qui fit subir à la jetée en construction les avaries les plus graves ;

3° du 12 janvier 1876 qui vint bouleverser encore une fois la jetée ;

4° des 8-9 février 1886, tempête extrêmement violente, qui causa de très graves dommages à la jetée du large ;

5° du 9 mars 1890 : nouveaux dégâts à la jetée du large ;

6° du 20 novembre 1900, tempête moins violente que celles de 1869-1876 et 1886, mais dont les effets se sont traduits par des avaries assez sérieuses au talus extérieur de la jetée du large et l'enlèvement du phare construit sur le musoir de cette jetée.

7° du 25 décembre 1906 : dégâts au talus extérieur de la jetée du large ;

8° du 26 janvier 1928 : brèche dans la jetée du large.

4° *Variation du niveau de la mer :*

Le niveau des eaux varie peu avec les diverses époques de l'année ; d'après les observations faites de 1875 à 1900, la hauteur moyenne du niveau de la mer est de 0,0054 au-dessus du zéro de l'échelle ; les hauteurs moyennes mensuelles ont varié de — 0 m. 014 (février) à + 0 m. 038 (novembre).

Les eaux sont généralement basses pendant les six premiers mois de l'année et hautes de juillet à décembre. Le niveau des eaux monte toujours quand le vent souffle frais de l'Ouest et baisse souvent avec les vents d'Est ; mais on ne peut pas établir une concordance aussi nette entre les hauteurs de la mer et la direction du vent en basses eaux qu'en hautes eaux.

Les variations accidentelles de niveau dépassent de beaucoup les moyennes rappelées ci-dessus. Pendant la période considérée (de 1875 à 1900) elles ont atteint 0 m. 699 (de — 0,305 à — 0,394). C'est en hiver qu'on observe les plus considérables.

Ces variations accidentelles suivent avec une régularité très remarquable celles du baromètre, le niveau des eaux s'élève quand le baromètre baisse et inversement.

5° *Courants :*

Le courant qui pénètre dans la Méditerranée par le Détroit de Gibraltar détermine le long de la côte un courant général dirigé de l'Ouest à l'Est. Par suite de l'orientation générale de la côte qui court du Sud-Ouest au Nord-Est entre Nemours et le cap Ténès, les eaux viennent frapper les revers Ouest des caps avancés et donnent ainsi naissance à des contre-courants qui suivent le rivage de l'Est à l'Ouest. Ce contre-courant est très marqué dans le golfe d'Oran en raison de la forte saillie du cap Ferrat ; il passe devant les jetées, contourne la baie de Mers-el-Kébir et ressort le long de la côte ; tous les navires qui sortent du port, par temps calme, sont entraînés vers l'Ouest, du côté de la rade de Mers-el-Kébir ; ce n'est qu'au large, à un ou deux milles, qu'on retrouve le courant portant à l'Est.

Par les vents d'Est, le courant général est renversé ; le contre-courant devient alors insensible.

Le littoral, à l'ouest du port, est formé de roches extrêmement dures plongeant presque verticalement ; elles ne donnent pas d'alluvions.

Les alluvions qui pourraient venir de l'Est seraient arrêtées par la jetée du Ravin Blanc ; l'ensablement du port n'est donc pas à redouter.

6° *Atterrages :*

Le massif situé à l'Est, entre la pointe de l'Aiguille et le cap Carbon, haut de 300 à 500 mètres au-dessus des terres voisines, forme, entre le golfe d'Oran et celui d'Arzew, un promontoire très avancé visible de 17 à 18 lieues en mer ; les points culminants sont le Djebel Krichtel (600 mètres) et le Djebel Orousse (631 mètres) ; on le désigne aussi sous le nom de cap Ferrat. Le sommet isolé de la montagne des Lions (612 mètres), le Murdjadje avec le marabout élevé au point culminant (428 mètres) et enfin le fort de Santa-Cruz qui couronne un mamelon isolé constituent deux autres points dont la reconnaissance toujours facile assure l'atterrage dans d'excellentes conditions.

Le golfe et la baie d'Oran sont largement ouverts vers le Nord-Nord-Ouest. La baie est assez bien protégée contre les vents de l'Ouest à l'Est, en passant par la Sud par les terres élevées qui bordent la côte. Les vents d'Est ne pénètrent que rarement dans le golfe mais la mer qu'ils soulèvent y entre sans obstacle.

La jetée du large, relevée vers le Nord à son extrémité, laisse aux navires tout l'espace nécessaire pour une entrée facile.

Pendant la nuit, les navires se guident sur les phares du cap Falcon et de la pointe de l'Aiguille.

Le phare de la pointe de l'Aiguille est installé sur une tour en maçonnerie peinte en blanc. C'est un feu à éclats blancs groupés par deux toutes les 10 secondes avec le rythme suivant :

Éclat	0^s66
Éclipse	2^s17
Éclat	0^s66
Éclipse	6^s51
TOTAL	10^s00

L'appareil lenticulaire a 0 m. 25 de distance focale. L'éclairage est à incandescence (vapeur de pétrole sous pression).

L'altitude du foyer au-dessus du sol est de 11 mètres et au-dessus du niveau de la mer de 62 mètres.

La puissance lumineuse est de 3.000 Carcel ; la portée lumineuse est de 25 milles.

Le phare du cap Falcon est installé sur une tour octogonale en pierre de taille blanche construite sur le mamelon le plus élevé du cap. C'est un feu à éclats blancs groupés par quatre, toutes les 25 secondes, avec le rythme suivant :

Éclat	0^s37
Éclipse	2^s75
Éclat	0^s37

Éclipse	2s75
Éclat	0s37
Éclipse	2s75
Éclat	0s37
Éclipse	15s27
TOTAL	25s00

L'appareil lenticulaire a 0 m. 92 de distance focale ; l'éclairage est à incandescence comme au phare de l'Aiguille.

L'altitude du foyer au-dessus du sol est de 26 m. 70 et au-dessus du niveau de la mer de 104 mètres.

La puissance lumineuse est de 20.000 becs Carcel et la portée lumineuse de 34 milles et demi.

L'éclairage de la baie, des ports d'Oran et de Mers-el-Kébir est complété :

— par le phare de Mers-el-Kébir, à feu fixe blanc, éclairant 180° d'horizon. Sa portée lumineuse est de 9 milles et demi. La hauteur de son plan focal au-dessus du niveau de la mer est de 37 mètres.

— par le feu du Ravin Blanc qui remplace depuis le 1er juin 1925 le feu placé sur l'ancien musoir de la grande jetée.

Ce feu est abrité dans une tour en maçonnerie demi-cylindrique de 3 m. 50 de hauteur bâtie dans le flanc de la falaise de Gambetta à 66 mètres au-dessus du niveau de la mer. C'est un feu électrique blanc à occultations groupées par trois avec le rythme suivant :

Période de lumière	9s83
— d'occultation	0s67
— de lumière	3s08
— d'occultation	0s67

Période de lumière	$3^{s}08$
— d'occultation	$0^{s}67$
TOTAL........	$18^{s}00$

Sa puissance lumineuse est de 3.000 bougies et sa portée lumineuse de 16 milles.

— par trois feux qui signalent l'ancienne passe d'entrée, un feu vert sur potence en fer de 2 mètres de hauteur installé au 1er éperon de la grande jetée et en face un feu rouge également sur potence en fer de 2 mètres de hauteur installé à chacun des angles N.-E. et N.-O. du quai Jules Giraud.

— par deux feux installés, le premier (feu vert) sur le 2e éperon de la grande jetée (face au môle des Hauts Fonds), le second (feu rouge) sur le môle des Hauts Fonds en face du feu vert.

— par deux feux signalant la passe actuelle du port d'Oran. Le premier (feu vert) situé sur le 3e éperon de la grande jetée en face la traverse du Ravin Blanc et installé sur une colonne cylindrique en fonte à 6 m. 30 au-dessus du niveau de la mer ; le second (feu rouge) constitué par une bouée lumineuse de forme conique peinte en noir et placée au droit de la Traverse du Ravin Blanc.

A 200 mètres environ de l'extrémité de la grande jetée est mouillée une bouée lumineuse conique peinte en rouge et de feu vert qui marque actuellement l'extrémité provisoire de la grande jetée dont l'allongement doit être poursuivi.

Pour faciliter aux navires l'accès des nouveaux bassins du port d'Oran, deux feux fixes rouges d'alignement d'une puissance de 1.500 bougies ont été placés :

le 1er au môle des Hauts Fonds et à 120 mètres du quai

(face Nord), ce feu d'une portée de 8 milles est à 22 mètres au-dessus du niveau de la mer ;

le 2e placé à l'extrémité Est de la promenade de Létang d'une portée de 8 milles et situé à 46 mètres au-dessus du niveau de la mer ;

A Mers-el-Kébir un feu fixe vert a été installé à l'extrémité de la nouvelle jetée, au sommet d'une colonne cylindrique en fonte plaçant le feu à 5 m. 75 au-dessus du môle.

B) Communications avec l'intérieur

Les Routes nationales qui desservent le port d'Oran sont :

1° la route nationale n° 2 de Mers-el-Kébir à Tlemcen qui se dirige vers Aïn-Témouchent ;

2° la route nationale n° 4 d'Alger à Oran qui se dirige vers Arzew et Mostaganem ;

3° la route nationale n° 6 d'Oran à Géryville qui se dirige vers le Sud sur Mascara et Saïda.

Le port d'Oran est desservi en ce qui concerne les voies ferrées par :

1° la ligne d'Alger à Oran ;

2° la ligne de la Sénia à Aïn-Témouchent ;

3° la ligne du Tlélat à la frontière du Maroc avec embranchement sur Ras-el-Mâ.

Ces lignes sont à voies normales et exploitées par le réseau P.-L.-M. algérien.

4° la ligne d'Oran à la Macta et Colomb-Béchar avec embranchement sur Arzew et Mostaganem.

Cette ligne est à voie étroite (1,055) et exploitée par les chemins de fer algériens de l'État.

5° le tramway à vapeur d'Oran à Hammam-Bou-Hadjar à voie étroite (1,055) qui dessert toute la plaine de la Mléta située au Sud du Grand Lac Salé.

DESCRIPTION DU PORT

A) État actuel

1° *Ouvrages.*

I. *Description générale :*

Le port d'Oran est fermé par deux jetées :

La première dite jetée du large le protège contre les vents du Nord. La ligne partant du point où elle s'enracine aux rochers Lamoune et aboutissant à l'ancien musoir se dirige de l'Ouest à l'Est ; le tracé de la jetée au Sud de cette corde forme un contour polygonal dont le développement est de 1.035 mètres et dont la flèche mesurée à 710 mètres de l'origine est de 87 mètres. L'autre partie de la jetée comprise entre l'ancien musoir et l'extrémité côté du large, présente une longueur totale de 1.292 mètres, est constituée par deux parties droites ayant respectivement 642 mètres et 650 mètres de longueur, formant entre elles un angle vers le Nord de 157° et se raccorde à la partie côté rivage par un angle de 164° ouvert vers le Sud.

La deuxième jetée appelée Traverse du Ravin Blanc protège l'avant-port contre la mer d'Est et contre la lame de retour due à l'action de la côte sur la mer soulevée par les vents d'Ouest. Elle est orientée S.-E.-N.-O. et est formée de deux éléments, la branche Nord issue de la grande jetée à 360 mètres de son extrémité a une longueur de 105 mètres, la branche Sud qui prend naissance à la pointe du Ravin Blanc a une longueur de 416 mètres. La largeur de la passe entre ces deux éléments est de 150 mètres. Une ligne droite menée par l'extrémité du musoir de la jetée Nord dans la direction de la pointe de l'Aiguille qui est le point le plus saillant du cap Ferrat, coupe la traverse du Ravin Blanc au Sud de son extrémité. Cette passe est donc aussi bien abritée que possible.

L'avant-port actuel est compris entre la jetée du large au Nord, la traverse du Ravin Blanc à l'Est, le rivage au Sud et le môle des Hauts Fonds à l'Ouest.

La deuxième passe du port donnant accès au bassin Sainte-Thérèse est située à 625 mètres à l'Ouest de la première ; sa largeur entre l'extrémité de la branche Nord du môle des Hauts Fonds issue de la jetée du large et la face Nord du même môle est de 120 mètres.

Le bassin Sainte-Thérèse est limité au Sud par le quai de rive, à l'Ouest par le môle des Hauts Fonds, au Nord par la jetée du large et à l'Est par le môle Jules Giraud.

La largeur de la troisième passe, située à 550 mètres environ à l'Ouest de la seconde, entre l'extrémité Nord du môle Jules Giraud et l'éperon établi dans son prolongement, au Sud de la jetée du large, pour éviter la propagation du ressac dans l'ancien port est de 87 mètres au niveau de l'eau et de 75 mètres à la cote (— 9,00).

La surface du bassin fermé à l'Est par le môle Jules Giraud est de 25 hectares, 5 ares. Les plus grands navires de commerce qui fréquentent la Méditerranée peuvent y évoluer aisément et s'y trouvent en sécurité par tous les temps.

Ce bassin, de forme polygonale, est limité par la face Ouest du môle Jules Giraud, le quai du Sénégal, les faces Est et Nord du quai Sainte-Marie, les faces Est et Nord du quai du Centre, le quai Lamoune et la jetée du large.

Dans l'angle Sud-Ouest du bassin, limité par les quais Sainte-Marie, Charlemagne, de la Douane et du Centre se trouve un petit bassin appelé Vieux-Port ; la largeur de la quatrième passe entre les quais Sainte-Marie et du Centre est de 60 mètres et la surface de ce petit bassin de 4 hectares 16 ares.

Les dimensions des principaux ouvrages du port sont les suivantes :

Quai Lamoune et pan coupé qui y fait suite (ouvrages concédés à la marine nationale) : 209 mètres de longueur.

Quai du centre : 247 mètres dans sa plus grande longueur et 50 mètres de largeur.

Quai de la Douane : 162 mètres y compris pan coupé.

Quai Charlemagne : 228 mètres y compris pan coupé.

Quai Sainte-Marie, dans sa plus grande longueur (89 mètres et 80 mètres de largeur.

Quai de la Gare : 414 mètres de longueur.

Môle J. Giraud : 235 mètres de longueur et 138 mètres de largeur.

Quai de Rive : 420 mètres de longueur.

Môle des Hauts Fonds : 220 mètres de longueur sur la face Ouest et 380 mètres sur la face Est, 200 mètres de largeur.

La longueur totale des quais peut être évaluée de la façon suivante :

a) En eau profonde (de — 7,40 à — 10,40)... 1.380 m.
b) A faible profondeur (de — 3,00 à — 6,00).. 2.304 m.

Les largeurs des quais proprement dits, c'est-à-dire des portions du domaine public maritime spécialement affectées au dépôt des marchandises en transit, sont variables ; elles sont, y compris les surfaces occupées par les voies de circulation et les voies ferrées, de 40 mètres en général.

Les deux traverses qui limitent le vieux port ont des largeurs qui sont respectivement de 50 mètres pour le quai du Centre et de 80 mètres pour le quai Sainte-Marie.

La largeur du môle Jules Giraud est actuellement de 138 m. Celle du môle des Hauts Fonds est de 200 m.

La superficie totale des terre-pleins affectés au trafic est de 265.200 mètres carrés environ ; dans ce chiffre n'est pas comprise la superficie concédée à la Marine Nationale.

Mers-el-Kébir :

Le quai de Mers-el-Kébir s'étend, le long du rivage, sur une longueur de 430 mètres.

A son extrémité Est, au pied des murailles du fort, se trouve une petite cale pavée destinée autrefois à la réparation des embarcations de la Marine et qui n'est jamais utilisée actuellement.

A l'Ouest de la cale et jusqu'au débarcadère, le terre-plein est soutenu par un mur vertical.

Le débarcadère a 15 m. 75 de longueur sur 7 m. 50 de largeur.

Au-delà du débarcadère, le quai, avant les travaux d'installation des entrepreneurs du port d'Oran, était formé par un pavage incliné, compris entre deux bordures en pierre de taille de très fortes dimensions.

Les pierres de taille du seuil reposent sur un mur.

Ce quai est conservé sur une longueur de 75 m. à partir du débarcadère ; au-delà, les entrepreneurs du port d'Oran ont construit un quai vertical qui devra disparaître après l'achèvement des travaux du port d'Oran.

II. *Utilisation des ouvrages :*

Le môle Jules Giraud est principalement affecté au Service des Compagnies de Navigation, le môle des Hauts Fonds au transit des charbons.

Une prise pour canalisation d'essence est installée à l'extrémité de la traverse du Ravin Blanc.

Les autres parties des quais n'ont aucune affectation spéciale.

2° *Outillage :*

Appareils de levage. — La Chambre de Commerce possède et loue au Commerce une grue fixe à bras de 8 tonnes installée sur le quai Sainte-Marie (côté Nord). Une autre de 20 tonnes appartenant à la Marine de l'État est installée sur le quai Lamoune, mais elle n'est pas mise à la disposition du public.

Des particuliers exploitent 4 grues à bras, sur pontons, dont deux de 5 à 8 tonnes, une de 17 tonnes et une de 20 tonnes de force ; 4 pontons-grues à vapeur dont deux de 3 tonnes et deux de 5 tonnes et un ponton mâture de 50 à 70 tonnes ; enfin un appareil transbordeur « Temperley » installé sur le môle des Hauts Fonds par la maison Franck Strik pour les opérations des charbonniers et qui permet le déchargement d'un navire de 3.000 tonnes en 24 heures, ainsi que le chargement très rapide de la houille destinée à l'exploitation. Ces engins sont utilisés par les propriétaires pour leur usage personnel ; l'appareil transbordeur peut cependant être loué au commerce (location de gré à gré [1]).

Cale de halage. — Une cale de halage pour la réparation des navires est établie dans l'angle S.-E. du grand bassin entre deux terre-pleins de 40 mètres de largeur et 53 mètres de saillie, sur l'alignement du quai de la gare. La largeur de cette cale est de 40 mètres et sa longueur totale de 65 mètres dont 33 mètres au-dessous de l'eau pour l'avant-cale et 32 mètres au-dessus pour la cale sèche avec pente uniforme de 0 m. 115. Il y est installé trois échelles avec treuil.

Cet ouvrage ne peut recevoir que des chalands, embarcations ou petits navires d'un tonnage inférieur à 150 tonneaux.

L'usage de la cale est gratuit, sur demande adressée au Service des Ponts et Chaussées.

La construction d'un dock flottant et d'un slip-way est projetée.

Il existe à Mers-el-Kébir une autre cale de halage dite Cale de Saint André.

Elle a une longueur de 126 mètres et 22 mètres de largeur

1. L'outillage du Port vient d'être d'ailleurs récemment augmenté. Sont entrés en service deux nouveaux appareils mécaniques de manutention des charbons que l'on a installés sur le môle des Hauts Fonds ainsi que 9 grues flottantes à vapeur, à bennes piocheuses de 2.000 à 5.000 kgs. Tous ces engins appartiennent à des sociétés de charbonnages.

moyenne. Sa pente moyenne est de 0,04 par mètre. Le seuil est formé par une bordure en pierre de taille établie à la partie supérieure d'un mur en béton de 1 m. d'épaisseur fondé sur le rocher par des fonds de 1 m. 10.

Chalands. — Il existe pour les opérations d'embarquement et de débarquement des navires non accostés ou amarrés en pointe 351 chalands de 15 à 125 tonnes de portée et 5 bateaux-citernes à moteur pour l'approvisionnement en eau douce.

Ce matériel appartient à divers industriels qui effectuent le chargement et le déchargement pour le compte des navires ou louent les chalands.

Magasins. — La Chambre de Commerce possède et exploite sur les quais du port 12 vastes magasins destinés à loger la marchandise transitant par le port d'Oran tant à l'importation qu'à l'exportation. Ces magasins sont répartis de la façon suivante : (Voir tableau p. 66).

Ces magasins sont tous à rez-de-chaussée sans étage. La Chambre de Commerce envisage l'installation de magasins à étages.

Terre-pleins. — Les terre-pleins du port ont été concédés à la Chambre de Commerce d'Oran par la loi du 30 avril 1924 ; la surface totale concédée est de 44 hectares environ dont 15 hectares sont occupés par des voies publiques ; les tarifs de locations continues varient de 4 à 10 francs par mètre carré et par an suivant emplacement ; pour les locations faites à titre temporaire, la Chambre de Commerce applique un tarif de 1 fr. 50 par mètre carré et par mois.

Noms des quais	Nombre	Superficie	
		De chaque magasin	De chaque groupe
Quai de la Douane (dock n° 10)........	1	1.760 mq	1.760 mq
Quai Charlemagne (docks nos 1, 2, 3 et 4).	4	2.086 2.086 1.086 1.086	6.344 mq
Quai Sainte-Marie (dock n° 5).........	1	1.086	1.086 mq
Quai de la gare (docks nos 6, 7, 8 et 9).	4	1.286 1.286 1.286 1.286	5.144 mq
Quai Jules Giraud..	1	535	535 mq
Quai de Rive.......	1	2.000	2.000 mq
	12		16.869 mq

Entrepôt réel. — Il existe à Oran un entrepôt réel établi dans un immeuble appartenant à la ville et géré par elle (entrepôt San Bénito, quai Sainte-Marie). Les droits de magasinage sont perçus par le Service des Douanes pour le compte de la Municipalité. Le gardiennage est gratuit, sauf en ce qui concerne les marchandises dangereuses qui doivent rester sous la surveillance de l'Administration jusqu'à leur enlèvement.

Eau potable. — Des canalisations amènent l'eau potable sur les quais où se trouvent des prises pouvant débiter de 40 à 50 mètres cubes à l'heure ; ces prises appartiennent à la ville et sont louées à certaines Compagnies de Navigation.

Un acconier (M. Russi) a le monopole de la fourniture par bateaux-citernes ; il en possède cinq à moteur, qui s'alimentent à des aiguades établies sur les quais, munies de compteurs et branchées sur les conduites de la ville.

Charbons. — Il existe en permanence à Oran pour le ravitaillement des navires un stock de 4.000 à 5.000 tonnes de charbon Cardiff et environ de 10.000 à 15.000 tonnes de charbon Durham. Le stock est constitué par dépôts établis sur le môle des Hauts Fonds.

A Mers-el-Kébir, la Marine de l'État a un dépôt de charbon d'environ 20.000 tonnes.

Les navires peuvent, le cas échéant, accoster bord à quai devant les dépôts de charbon. L'approvisionnement se fait à raison de 60 tonnes à l'heure lorsqu'il est effectué par chalands et de 100 à 110 tonnes par les grues spéciales à vapeur.

Pétrole, Essence, Mazout. — On trouve facilement à Oran du pétrole lampant, de l'essence et du mazout ; le stock moyen est de 200.000 à 400.000 litres. La Société Générale des Huiles de Pétrole possède sur le môle des Hauts Fonds un entrepôt réel spécial d'huiles minérales ; elle y dispose de deux citernes de 12.500 tonnes.

A Mers-el-Kébir existe également un entrepôt spécial à huiles raffinées et essences de pétrole.

Lestage et délestage. — Le lestage et le délestage sont une industrie libre, et il n'y a pas d'entreprise spéciale pour ces opérations qui se font à prix débattus entre les capitaines et plusieurs industriels. Des emplacements sont réservés sur les quais (angle S.-E. du môle des Hauts Fonds pour les dépôts de lest) ; celui-ci provient des plages ou des terres des environs (particulièrement des terrains situés en arrière du quai Lamoune et des déblais urbains).

Remorqueurs. — Il existe à Oran 19 remorqueurs à vapeur et à moteur, d'une force de 35 à 530 CV, ils appartiennent tous à des entreprises privées, sauf deux, l'un de 150 CV, l'autre de 250 CV, qui dépendent d'une entreprise publique de remorquage.

Gare maritime et Voies ferrées. — Le développement total des voies ferrées desservant les quais est de 5 km. 92 dont 4 km. 066 appartiennent à la Chambre de Commerce et 1 km. 226 à la Compagnie P. L. M.

La gare maritime comporte deux voies principales et 10 voies de triage et de débord réunies, vers leur milieu, par deux voies transversales et des plaques tournantes. Une voie de débord dessert un quai découvert de 25 mètres et une halle couverte de 63 m. 50 de longueur. Les bureaux P. V. sont placés contre la halle avec logement du chef de gare au 1er étage.

L'outillage est complété par une grue de chargement de

6 tonnes, deux ponts à bascule de 20 à 25 tonnes et un gabarit de chargement.

Les magasins nos 6, 7, 8 et 9 sont desservis par une voie qui longe leur face Nord.

Les magasins 1 et 3 sont desservis par une voie ferrée sur chacune de leurs deux faces.

Le quai Charlemagne est desservi par trois voies dont l'une est prolongée jusqu'au quai Lamoune. Deux embranchements reliés à ces voies par des plaques tournantes desservent le quai Sainte-Marie sur ses deux faces ; ces deux embranchements sont eux-mêmes reliés par une voie longeant la face Nord de ce quai.

Le môle Jules Giraud et le quai de Rive sont desservis chacun par deux voies.

B) Travaux en cours d'exécution

La situation du port d'Oran comme exutoire principal des produits d'un département agricole très vaste dans lequel la colonisation continue à se développer sans arrêt, est éminemment favorable au développement du trafic. Pour fixer les idées, il suffit de dire que le nombre des navires fréquentant le port était en 1900 de 3.922 avec un tonnage de 2.125.000 tonnes ; en 1927, le nombre des navires était de 9.470 avec un tonnage de 16.282.517 tonnes. Le tonnage des marchandises qui était de 605.000 tonnes en 1900, s'est élevé en 1927 à 2.876.468 tonnes ; encore faut-il tenir compte des perturbations profondes causées par l'état de guerre, de 1914 à 1918, et de la crise financière qui a suivi et qui sévit encore.

On comprend que, dans ces conditions, les travaux ont dû suivre une marche progressive et se développer parallèlement au trafic.

Les travaux d'élargissement du môle des Hauts Fonds exécutés de 1923 à 1926 ont donné au commerce une superficie de 5 hectares gagnés sur la mer ; les travaux n'étaient pas terminés que leur insuffisance apparaissait manifeste et qu'il devenait nécessaire de faire aboutir sans retard le programme tracé par la loi du 30 avril 1924 déclarant d'utilité publique les travaux d'un nouvel agrandissement du port vers l'Est.

Ce programme comprend :

1° La transformation de l'avant-port actuel en bassin ;

2° La création d'un nouvel avant-port, le prolongement sur 500 mètres de la jetée actuelle et la construction d'une traverse de 550 mètres de longueur enracinée au rivage à 650 mètres plus à l'Est.

Les travaux de transformation de l'avant-port actuel en bassin, les seuls actuellement en cours d'exécution comprennent le prolongement vers le Sud du quai Est du môle des Hauts Fonds, la construction d'un quai de 440 mètres de longueur totale au Sud de ce bassin, coupé par un môle oblique de 300 mètres de longueur sur 130 mètres de largeur par des fonds de (— 9,00) à (— 12,00) et la construction d'un môle accolé à la traverse du Ravin Blanc. Ces travaux permettront de mettre à la disposition du commerce un nouveau développement de quai de 1.170 mètres de longueur par des fonds variant de (— 8,00) à (— 12,00) et une nouvelle superficie de terre-pleins de 26 hectares.

Leur montant sera de 25 millions environ.

Les travaux de transformation de l'avant-port actuel en bassin ont été adjugés le 9 octobre 1926 à la Compagnie de Dragages et d'Entreprises maritimes. En cours d'exécution, il fut reconnu que la création immédiate d'un môle à travers le bassin gênerait les mouvements des navires relâcheurs devenus de plus en plus nombreux. Il fut donc décidé de différer jusqu'après l'achèvement du nouvel avant-port la construction du môle au milieu du bassin, ce môle étant pour le moment simplement amorcé.

Actuellement l'état d'avancement des travaux exécutés est le suivant :

— Le prolongement du mur de quai du môle des Hauts Fonds complètement terminé.

— Le quai de rive entre le môle des Hauts Fonds et le môle oblique ainsi que l'amorce sur 65 mètres de long des deux murs de quai du môle oblique sont exécutés jusqu'au niveau de l'eau.

— Le quai de rive entre le môle oblique et le môle du Ravin Blanc est en cours d'exécution.

— Le quai du môle du Ravin Blanc est terminé jusqu'au niveau de l'eau sur une longueur de 180 mètres.

Le profil adopté par les murs de quai comporte comme pour les quais existants une pile de blocs artificiels en béton reposant sur un massif de pierres cassées et adossé à un matelas de débris de carrière.

Une cale de halage est actuellement en construction à Mers-el-Kébir. Sa largeur est de 42 m. 50, permettant l'installation de front de 6 chalands, sa longueur de 67 m. 70, dont 29 m. 25 hors de l'eau, sa pente de 6 cm. 5 par mètre.

Les travaux dont le montant est évalué à 900.000 francs seront probablement terminés fin 1929.

C) Projets

1° *Approuvés :*

Les projets approuvés comportent :

La création d'un nouvel avant-port par prolongement sur 500 mètres de la jetée actuelle et la construction d'une traverse de 550 mètres de longueur enracinée au rivage à 650 mètres à l'Est de la traverse du Ravin Blanc. Le montant des travaux est évalué à 60 millions environ.

Les profils adoptés pour les ouvrages sont respectivement semblables à celui de la jetée du large au-delà de l'ancien musoir et à celui de la traverse du Ravin Blanc.

2° *A l'étude :*

Étant donné les difficultés que présenterait le prolongement du Port vers l'Est, au-delà du futur avant-port, par suite des grandes profondeurs rencontrées, un projet d'extension vers l'Ouest est actuellement à l'étude. Ce projet consisterait essentiellement dans l'établissement d'une jetée sensiblement parallèle au rivage, qui s'enracinerait à la presqu'île de Mers-el-Kébir et serait prolongée au-delà de la pointe du Fort Lamoune. Le long du rivage serait construit un quai de rive duquel se détacherait un certain nombre de môles.

Les communications entre les nouveaux bassins ainsi créés et les bassins actuels se feraient par une percée ménagée dans la partie de la jetée située au droit du grand bassin.

Les nouveaux terre-pleins seraient reliés aux terre-pleins existants par une route et des voies ferrées passant en souterrain sous la pointe Lamoune.

RENSEIGNEMENTS COMMERCIAUX ET STATISTIQUES

Le port d'Oran-Mers-el-Kébir reçoit de France la plupart des objets fabriqués destinés à la consommation locale ; l'Angleterre envoie aussi des tissus de diverses natures. Les matériaux de construction viennent presque exclusivement de France, à l'exception des fers et des métaux qui proviennent aussi d'Angleterre et de Belgique et des bois qui viennent de Suède, de Norvège, de Trieste ou du Canada. La houille vient presque exclusivement d'Angleterre.

Les produits d'Algérie sont expédiés principalement en France et en Angleterre.

Des relations suivies existent enfin avec l'Espagne et les Ports Algériens.

Les graphiques ci-après montrent le développement du commerce au cours de ces dernières années.

TONNAGE DES MARCHANDISES

Année	Marchandises entrées	Marchandises sorties	Tonnage total
1890	173671	329645	503.316
1900	219493	386178	605.671
1910	614741	734.935	1.349.676
1914	599606	836.649	1.436.255
1915	730777	895.295	1.626.702
1916	621.072	894.550	1.515.622
1917	465.026	673.124	1.447.497
1918	305532	449.657	755.189
1919	414.291	700.755	1.115.026
1920	426.986	618.904	1.045.890
1921	400498	721164	1.121.662
1922	694.861	812.832	1.508.693
1923	774.781	948.879	1.723.660
1924	983.749	1.008.237	1.991.986
1925	958.401	1.135.363	2.093.764
1926	222732	2.214.860	2.437.592
1927	1.407.461	1.469.001	2.876.468

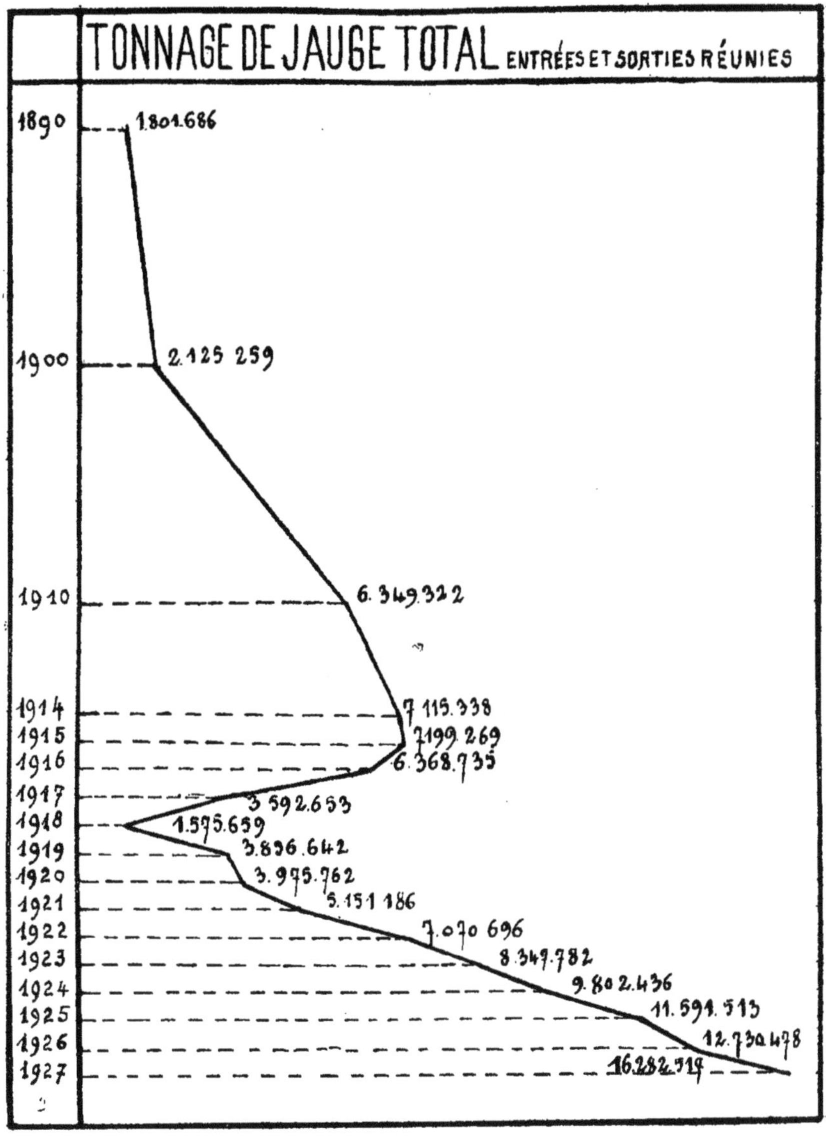
TONNAGE DE JAUGE TOTAL ENTRÉES ET SORTIES RÉUNIES
1890
1.801.686
1900
2.125 259
1910
6.349.322
1914
7 115.338
1915
7199.269
1916
6.368.735
1917
3 592.653
1918
1.575.659
1919
3.896.642
1920
3.975.762
1921
5.151 186
1922
7.070 696
1923
8.347.782
1924
9.802.436
1925
11.591.513
1926
12.730.478
1927
16.282.519

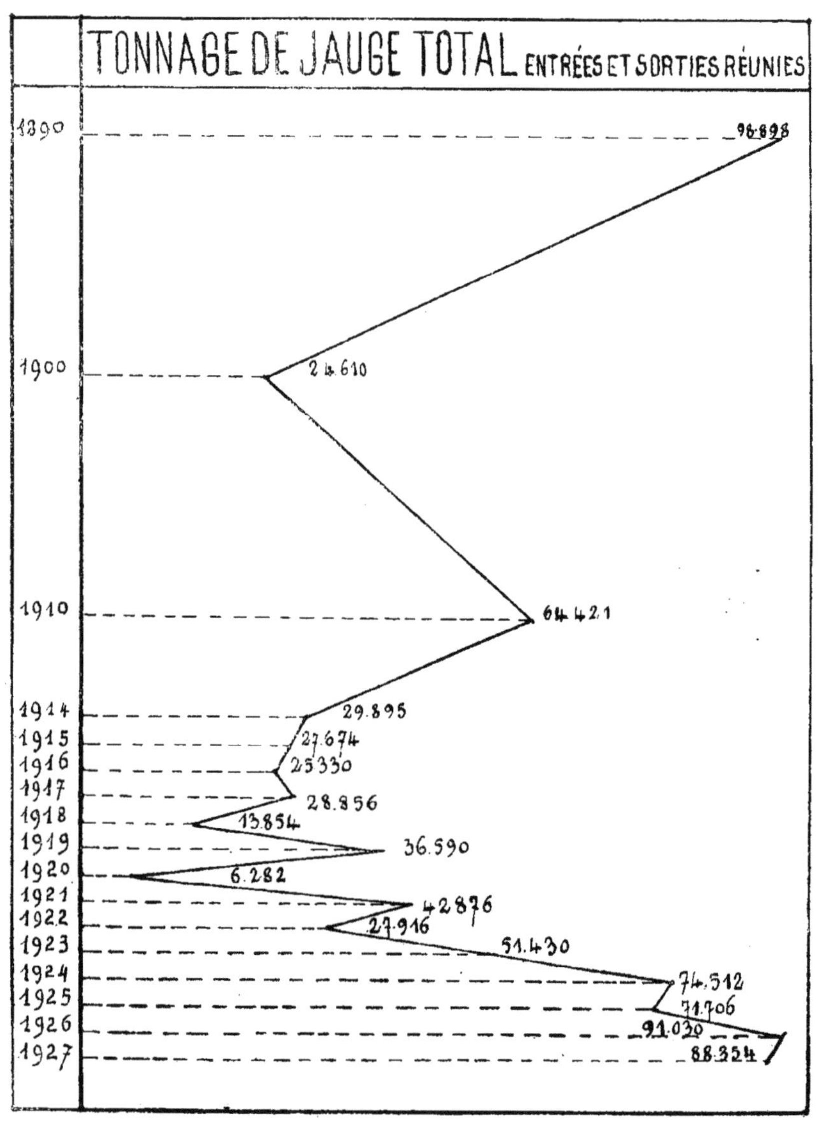

TONNAGE DE JAUGE TOTAL ENTRÉES ET SORTIES RÉUNIES
1890
96.898
1900
24.610
1910
64.421
1914
29.895
1915
27.674
1916
25.330
1917
28.856
1918
13.854
1919
36.590
1920
6.282
1921
42.876
1922
27.916
1923
51.430
1924
74.512
1925
71.706
1926
91.030
1927
88.354

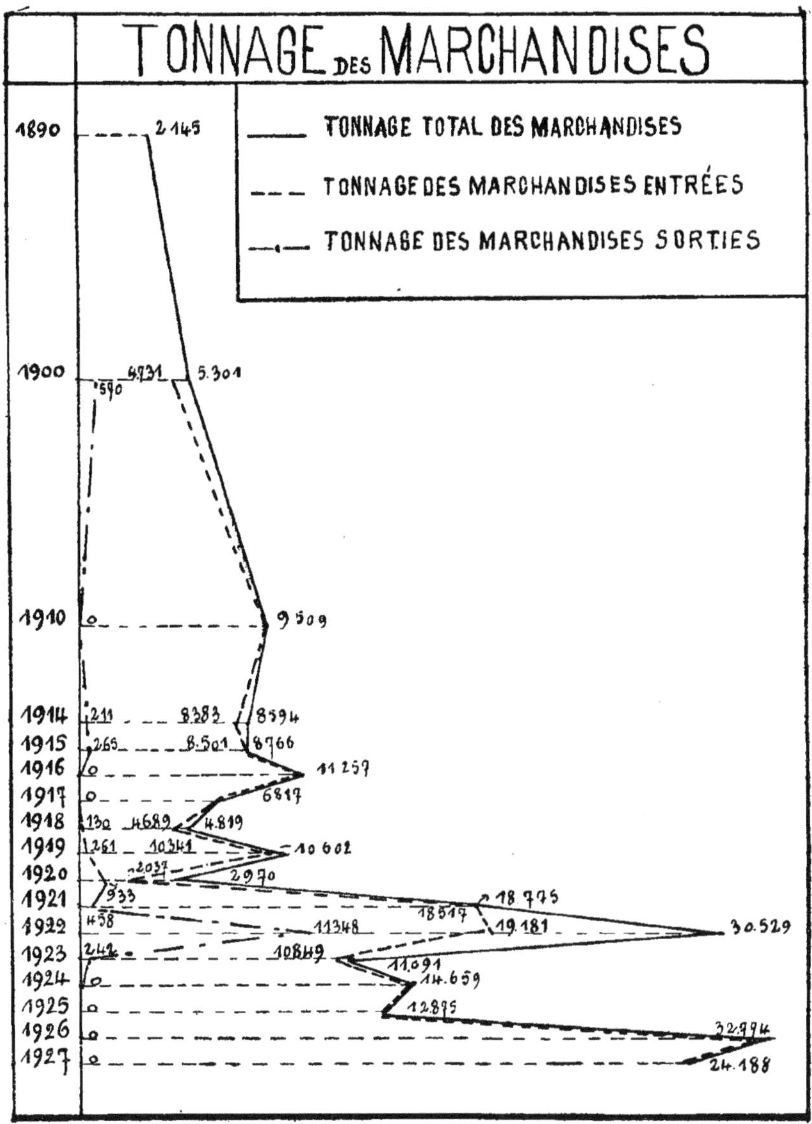
TONNAGE DES MARCHANDISES
TONNAGE TOTAL DES MARCHANDISES
TONNAGE DES MARCHANDISES ENTRÉES
TONNAGE DES MARCHANDISES SORTIES
1890
2.145
1900
590
4.731
5.301
1910
9.509
1914
211
8383
8594
1915
265
8.501
8766
1916
11.257
1917
6817
1918
130
4689
4.819
1919
1261
10341
10.602
1920
2037
2970
1921
933
18.775
18517
1922
458
11348
19.181
30.529
1923
242
10849
11.091
1924
14.659
1925
12.875
1926
32.994
1927
24.188

ARZEW

HISTORIQUE

Bien que la ville d'Arzew (Portus Magnus des Anciens) ait eu autrefois une importance considérable, on ne connaît aucun fait historique qui s'y rattache ni aucun détail sur son passé ; elle est simplement mentionnée dans Pline qui la qualifie « d'oppidum civium Romanorum », dans Pomponius Mela, dans l'itinéraire d'Antonin et dans l'anonyme de Ravenne.

La ville elle-même était située à 6 kilomètres environ du port sur le plateau du village actuel de Saint-Leu. L'étendue de ses ruines qui couvrent plus de 30 hectares témoigne de l'importance de l'ancienne cité ; on y a trouvé les restes de thermes et d'un mausolée, de belles colonnes en marbre, de vastes citernes bien conservées et enfin de remarquables mosaïques déposées actuellement au musée d'Oran.

La ville antique était très florissante au IIIe siècle, ainsi que semblent l'attester des dédicaces trouvées dans les ruines et gravées sur des bornes milliaires qu'on a découvertes dans les environs et qui jalonnaient deux routes : celle de Portus Magnus à Pomarium (Tlemcen) et celle de Portus Magnus à

Caesarea (Cherchell) et à Numerus Syrorum (Lalla-Marnia).

Au port même on a trouvé les débris d'un débarcadère dont la construction remontait, sans aucun doute, à la même époque.

La ville de Portus Magnus paraît avoir été ruinée par l'invasion des Vandales ; ce qui le fait supposer, c'est que toutes les inscriptions et monnaies qu'on y a trouvées sont antérieures à cette époque.

Mais la situation d'Arzew était trop belle pour qu'elle put être longtemps abandonnée.

Ephrussi, géographe arabe du XIIe siècle, en parle déjà comme d'un bourg considérable où l'on a amené du blé et des bœufs que des marchands viennent acheter pour l'exportation.

En 1370, les Berbères de la puissante tribu des Bettioua suivirent le sultan meneride Abd-el-Azir dans son expédition contre Mazouna et les Magraoua ; un grand nombre d'entre eux se fixèrent à la suite de cette campagne sur les ruines de la cité romaine où sont aujourd'hui leurs descendants.

Dès les premiers jours de l'occupation française, la création d'une ville à Arzew fut décidée, non plus sur l'emplacement de Portus Magnus, mais sur le bord de la mer, dans le voisinage immédiat du port qui semblait appelé à prendre une grande importance tant en raison des qualités exceptionnelles de sa rade que de sa situation au débouché des riches vallées du Sig et de l'Habra.

RENSEIGNEMENTS GÉOGRAPHIQUES ET HYDROGRAPHIQUES

A) Renseignements intéressant la navigation :

1° *Description de la côte et de la région voisine du port :*

Le port d'Arzew est situé dans la partie Ouest de la baie comprise entre le Cap Carbon et le Cap Ivi. Protégée contre les vents du large par un contrefort du Djebel Orousse qui s'avance dans l'Est jusqu'à près de 1.200 mètres, la rade d'Arzew constitue l'un des meilleurs abris naturels des côtes de l'Algérie et elle est le refuge habituel des navires que la violence du vent et de la mer empêche de séjourner au Port de Mostaganem.

Entre le Cap Carbon et le Port d'Arzew la côte est haute et rocheuse ; elle s'abaisse en plage au-delà jusqu'à Mostaganem et elle est garnie de dunes sur toute cette étendue.

Position géographique (feu vert de la grande jetée)	Longitude Ouest : 2° 37' 40" (méridien de Paris)
	Latitude Nord : 35° 51' 31"

2° *Profondeurs :*

Le fond de la rade présente une pente douce partant du rivage, les profondeurs croissant régulièrement vers le large. Le fond est sableux sauf sur quelques points près du rivage (où il est rocheux) et d'excellente tenue pour les ancres des navires.

3° *Régime des vents :*

Les vents régnant dans ces parages sont ceux de l'Est au Nord en été et de l'Ouest au Nord-Ouest en hiver.

Quand les vents et la mer sont des régions Nord et Est avec une certaine intensité, la houle produite vient frapper la face Nord de la jetée du large, se propage sur cette face, se dirige vers le Sud et revient ensuite dans le port après avoir contourné le grand quai actuel dont la direction est Nord-Sud.

Ceett houle dont la levée atteint parfois 1 m. 50 de hauteur, vient s'épanouir dans le fond du port entre le môle n° 2 « dit aux poissons » et le môle n° 1 « dit de la Douane ou débarcadère » et se dirige vers l'Oued Magoun, en suivant la ligne du chemin de fer d'Arzew à Perrégaux.

Les accostages à la face Ouest du Grand quai ainsi qu'à la face Est du môle n° 3 sont rendus parfois impossibles ; mais la face Sud du terre-plein Nord compris entre le grand quai et le môle n° 3, ainsi que la face Sud de ce dernier môle sont toujours abordables. Cette situation ne se présente d'ailleurs que par les plus gros temps, en moyenne quatre ou cinq jours par an.

Quand les vents et la mer sont des régions Ouest ou Nord-Ouest, il se produit un fort clapotis entre le grand quai et le môle n° 3, surtout dans l'angle mort du terre-plein Nord et de l'origine du grand quai.

Dans ce cas, la face Ouest du grand quai ainsi que les faces Sud et Est du môle n° 3 sont toujours abordables.

Des tempêtes sont généralement amenées par les vents

du Nord-Ouest au Nord (les plus fortes par les vents du Nord). Elles se produisent généralement entre novembre et mars.

Par les gros temps du Nord ou Nord-Est, l'agitation extérieure pénètre un peu dans la rade ; d'autre part, les grandes ondulations du large viennent également battre la côte Est de la baie et elles se propagent le long du rivage jusque dans la rade où elles occasionnent un ressac assez violent gênant pour les communications avec la terre, mais nullement dangereux pour les navires au mouillage.

4° *Variation du niveau de la mer :*

Il n'a pas été fait à Arzew d'observations suivies sur les variations du niveau des eaux. Les plus grandes variations accidentelles (différences entre le maximum et le minimum) atteignent près d'un mètre. Les variations ne semblent pas en concordance avec les vents, mais elles suivent avec beaucoup de régularité les variations barométriques, le niveau des eaux s'élevant quand le baromètre baisse et inversement.

5° *Courants :*

Il se produit un léger ensablement dans le port d'Arzew.

Le courant général vers l'Est qui a lieu en dehors des caps frappe la côte Est de la baie et il se forme un contre-courant à vitesse très faible que l'on rencontre près de terre et qui contourne la rade d'Arzew, du Sud au Nord, puis de l'Ouest à l'Est, reprenant ainsi sensiblement la direction du courant qui lui a donné naissance. Ce courant ramène dans le port une faible couche de sable ; il n'y a pas lieu d'avoir d'inquiétude à ce sujet.

6° *Atterrages :*

De la pleine mer, l'entrée du golfe d'Arzew s'aperçoit très facilement entre les hauteurs du Djebel Orousse qui dominent Arzew et les montagnes qui dominent Mostaganem au Nord-Ouest. La nuit, on est guidé par les phares du Cap Falcon et du Cap Ivi, entre lesquels se trouve depuis 1906 le phare du Cap de l'Aiguille.

L'éclairage des accès du port est assuré :

1° Par le phare établi sur l'îlot d'Arzew, muni d'un feu à éclats rouges réguliers de 5 en 5 secondes, d'une portée lumineuse de 19 mille et demi ; la hauteur du plan focal est de 20 mètres au-dessus du niveau de la mer ;

2° Par un fanal à feu vert, établi sur le musoir de la grande jetée du port, à 8 m. 20 au-dessus du niveau de la mer et d'une portée de 4 milles et demi ;

3° Par un fanal identique et de même coloration, placé à la même altitude (8 m. 20) à l'extrémité du grand quai.

B) Communications avec l'intérieur

Le port d'Arzew est relié aux routes nationales n°s 4 et 13 qui amènent les marchandises des directions d'Oran, de Mostaganem et de l'intérieur ; le trafic par cette voie est peu important.

Le port d'Arzew est rattaché à Oran, à Mostaganem et à la grande ligne du Sud Oranais par le chemin de fer de l'État. La ligne industrielle des Salines le relie également aux établissements des « Salines Malétra ».

DESCRIPTION DU PORT

A) État actuel

1° *Ouvrages :*

I. — *Description générale :*

Le port d'Arzew est protégé des vents du Nord et du Nord-Est par une jetée abri ou grande jetée de 250 mètres de longueur totale qui s'enracine sur les rochers de la Pointe par un arc de cercle de 72 mètres de développement et de 51 m. 60 de rayon, et se prolonge ensuite en ligne droite dans la direction Est — 24° — Sud.

A l'Ouest de la grande jetée se détachent successivement du rivage :

Le grand quai, d'une longueur de 335 mètres environ, de 30 mètres de largeur dans la partie courante et de 40 mètres de largeur à son extrémité côté du large, établi dans une direction sensiblement N.-S. ;

Le môle n° 3 parallèle au Grand quai d'une longueur de 159 mètres, à compter du couronnement de la digue soutenant le terre-plein Nord et de 60 mètres de largeur ;

Le môle n° 2 d'une longueur de 30 mètres et de 10 mètres, de largeur ;

Le môle n° 1, d'une longueur de 60 mètres et de 12 mètres de largeur.

Entre le grand quai et le môle n° 1 s'étend un terre-plein non accostable d'une longueur de 700 mètres environ, dont 245 mètres entre le Grand Quai et le môle n° 3.

La rade intérieure située entre le Grand Quai et le môle n° 3 ne peut recevoir que des bateaux n'ayant pas un tirant d'eau supérieur à 7 mètres.

Les tirants d'eau le long de la face Ouest du Grand Quai sont variables. Ils laissent la place pour deux navires d'une longueur de 100 mètres chacun, calant 7 mètres au maximum et pour un troisième navire de même longueur ne dépassant pas un tirant d'eau de 5 mètres.

Le quai Est du môle n° 3 n'a la profondeur de 7 mètres que sur une longueur de 100 mètres environ vers l'extrémité Sud. Sur le reste, il ne peut donner accès qu'à des navires ne dépassant pas 5 mètres de tirant d'eau. Le quai Sud présente des fonds de 7 mètres.

Les môles nos 1 et 2 ne sont accostables que par des bateaux de pêche et des balancelles peu chargées.

Le développement total linéaire des quais est de 576 mètres.

La superficie totale des quais et terre-pleins est de 27.000 mètres carrés environ.

La superficie de la rade intérieure comprise entre le Grand Quai et le môle n° 3 est de 7 hectares 50.

A l'Est du môle n° 2 se trouve une cale inclinée de 20 mètres de long dont la pente est de 0 m. 19 par mètre.

Elle est utilisée pour le halage des barques de pêche.

II. — *Utilisation des ouvrages :*

A l'extrémité du Grand Quai ont été aménagées des prises pour la réception des essences et pétroles. Ces prises sont reliées par deux canalisations aux installations de la Société Immobilière et Industrielle du Midi qui possède 6 réservoirs à pétrole d'une contenance de 3.792 tonnes et 7 réservoirs à essence d'une contenance de 3.438 tonnes et par une troisième canalisation aux installations de la Compagnie Industrielle des Pétroles de l'Afrique du Nord qui dispose de 10 réservoirs susceptibles de stocker 5.090 tonnes de pétrole.

2° *Outillage :*

Remorquage. — Il n'existe pas de service de remorquage organisé au port d'Arzew. Quelques chalutiers à vapeur pourraient, le cas échéant, faire du remorquage ne nécessitant pas une grande puissance.

Levage. — Un chaland bigue d'une portée de 12 tonnes appartenant à une entreprise privée.

Chalands. — 19 chalands allèges d'un tonnage moyen de 40 tonnes appartenant à des entreprises privées.

Entrepôts et magasins publics. — La Compagnie Générale Transatlantique possède un hangar couvert pour ses magasins et ses bureaux ; la longueur de ce bâtiment installé au môle n° 3 est de 56 mètres ; sa largeur est de 15 mètres.

Ravitaillement en eau. — Se fait à quai aux prises de la Ville à raison de 5 francs la tonne pour les navires de commerce.

Amarrage. — Des bollards et des canons d'amarrage sont installés en bordure des quais.

Engins de radoub. — Il n'existe pas de formes de radoub mais une seule petite cale de réparations pour les embarcations de pêche et de servitude attachées au port.

Voies ferrées. — Le port et les quais sont reliés à la gare d'Arzew par un réseau de voies ferrées d'une longueur totale de 5.500 mètres environ, exploitées par l'Administration du Réseau de l'État.

B) Travaux en cours d'exécution

Néant.

C) Projets

a) *Approuvés :*

Le projet d'extension du port d'Arzew, dont la loi déclarant les travaux d'utilité publique est actuellement pendante devant les Chambres, comporte deux étapes :

La première étape comprend l'exécution des travaux suivants :

— Prolongement de la face Est du Grand Môle par une jetée de 245 mètres de longueur ;

— Construction d'une jetée Sud sur 600 mètres de longueur ;

— Construction du môle n° 4 et exécution de dragages de la darse entre les môles nos 3 et 4 et dans une zone de 140 mètres de largeur au Sud du môle n° 4. Ce môle, d'une largeur de 100 mètres à l'extrémité, sera soutenu latéralement par deux murs de quai de 300 à 330 mètres de longueur.

Le terre-plein entre le môle n° 1 et le môle n° 4 sera limité par un talus en enrochements.

La deuxième étape comprend l'exécution des travaux suivants :

— Nouveau prolongement de la jetée Est sur 155 mètres de longueur ;

— Prolongement de la jetée Sud sur 340 mètres de longueur ;

— Allongement de 100 mètres et élargissement de 40 mètres vers l'Ouest du môle n° 3 ;

— Construction du môle n° 5 et exécution de dragages entre les môles n°s 4 et 5. Le môle n° 5 accolé à la jetée Sud aura une largeur de 100 mètres à l'extrémité et sera soutenu du côté Nord par un mur de quai de 300 mètres de long. Le terre-plein entre les môles n°s 4 et 5 sera limité par un talus en enrochements.

Le montant des dépenses est évalué à :

1re étape	16.600.000 fr.
2e étape	20.400.000 fr.
TOTAL........	37.000.000 fr.

Les travaux prévus qui comprennent au premier plan la fermeture du port, auront pour résultat de permettre aux navires d'opérer en tout temps et en toute sécurité ; ils créeront en avant des bassins une vaste darse d'une vingtaine d'hectares qui permettra aux gros navires calant 8 et 9 mètres de se réfugier dans le port et d'y opérer par chalands.

Le développement linéaire des quais sera augmenté d'une longueur de 1.085 mètres dont 945 mètres par des fonds de

7 mètres après l'exécution de la première étape des travaux ; la superficie des terrains sera accrue à ce moment de 105.000 mètres carrés environ.

Après l'exécution de la seconde étape, on aura réalisé un nouveau développement de quais de 638 mètres dont 440 mètres par des fonds de 7 et 8 mètres et une surperficie supplémentaire en terre-pleins de 145.000 mètres carrés environ.

Les dispositions adoptées dans le projet faciliteront les opérations d'entrée et de sortie des navires ; elles permettront la desserte des grands môles par voie ferrée et le groupement et l'éloignement des marchandises dangereuses et salissantes qui sont une cause de dépréciation pour les autres produits.

b) *A l'étude.*

Néant.

RENSEIGNEMENTS COMMERCIAUX ET STATISTIQUES

Le port d'Arzew est principalement un port d'exportation. Il est utilisé comme refuge en cas de mauvais temps, étant donné les excellentes conditions dans lesquelles se trouve sa rade ; il est arrivé à maintes reprises que les navires quittant Oran pour Marseille et ne pouvant continuer leur route à cause de l'état de la mer sont venus à Arzew attendre une accalmie.

Le port d'Arzew n'est pas utilisé par la marine militaire ;

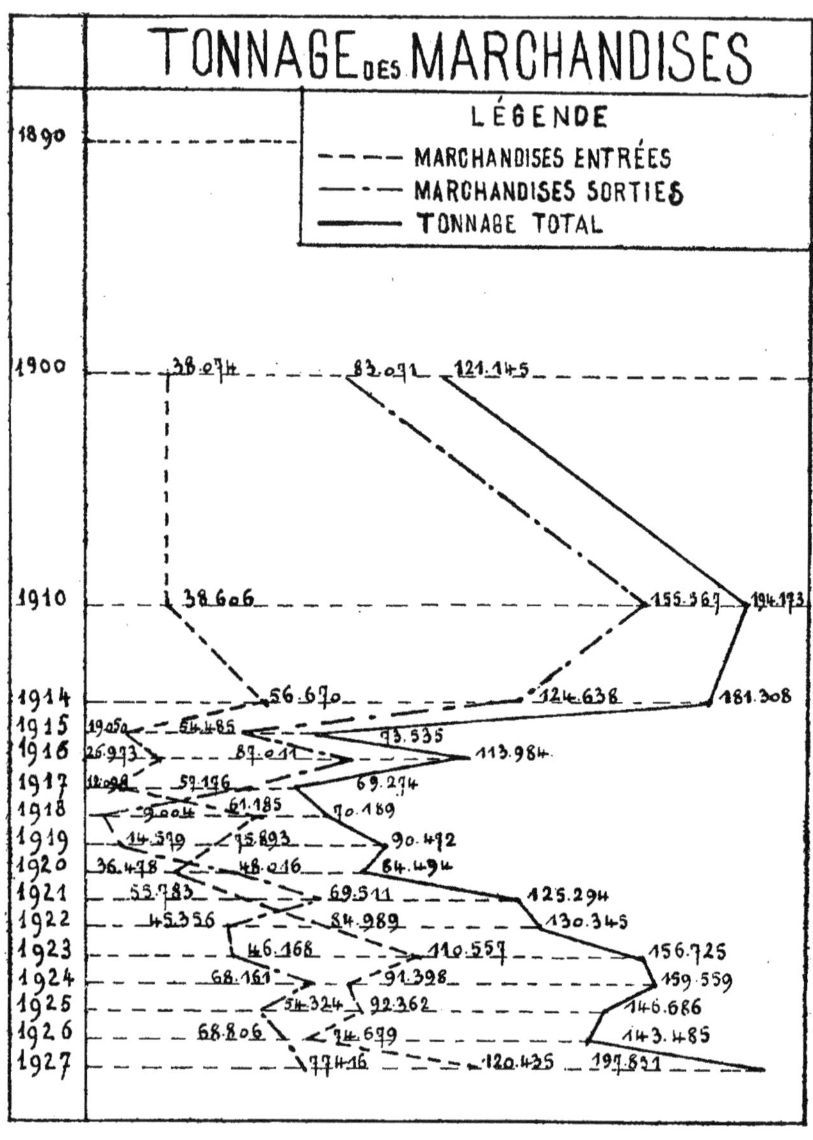
TONNAGE DES MARCHANDISES
LÉGENDE
MARCHANDISES ENTRÉES
MARCHANDISES SORTIES
TONNAGE TOTAL
1890
1900 38.074 83.071 121.145
1910 38.606 155.567 194.173
1914 56.670 124.638 181.308
1915 19.050 54.485 73.535
1916 26.973 87.011 113.984
1917 12.098 57.176 69.274
1918 9.004 61.185 70.189
1919 14.579 75.893 90.472
1920 36.478 48.016 84.494
1921 55.783 69.511 125.294
1922 45.356 84.989 130.345
1923 46.168 110.557 156.725
1924 68.161 91.398 159.559
1925 54.324 92.362 146.686
1926 68.806 74.679 143.485
1927 77.416 120.435 197.851

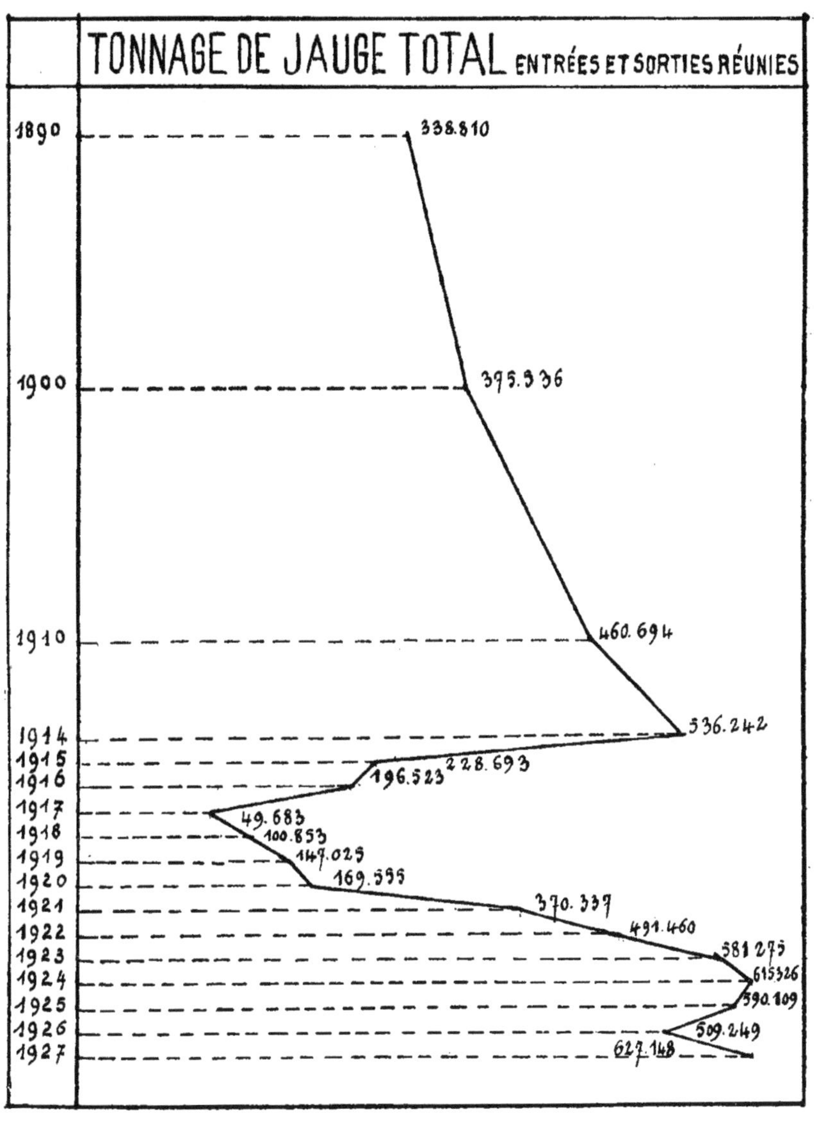

TONNAGE DE JAUGE TOTAL ENTRÉES ET SORTIES RÉUNIES
1890
338.810
1900
375.336
1910
460.694
1914
536.242
1915
228.693
1916
196.523
1917
49.683
1918
100.853
1919
147.025
1920
169.555
1921
370.337
1922
491.460
1923
581 275
1924
615326
1925
590.109
1926
509.249
1927
627.148

on n'y voit guère, et rarement, que des torpilleurs d'Oran en manœuvre le long des côtes et qui viennent parfois y faire escale.

Les graphiques ci-avant indiquent le mouvement général de la navigation et le développement du trafic.

MOSTAGANEM

HISTORIQUE

Les Romains connaissaient un port de Murustaga qui était vraisemblablement situé dans les environs de la ville actuelle.

Sous le règne de l'empereur Gallien, l'Afrique septentrionale fut désolée par d'effroyables tremblements de terre ; un grand nombre de villes du littoral furent submergées et des sources d'eau salée jaillirent dans plusieurs endroits. Peut-être faut-il attribuer à ces catastrophes l'aspect abrupt de la côte de Mostaganem qui, effectivement, semble conserver les traces d'un bouleversement. En tous cas, à partir de ce moment, il n'est plus question du port de Murustaga qui dut alors être englouti par la Méditerranée avec une partie du rivage.

Les géographes arabes font mention de Mostaganem, petite ville située dans le fond d'un golfe, entourée de murailles, avec des bazars, des bains, des jardins, des moulins à eau, mais ne disent rien de précis sur la fondation de cette ville. On attribue à Youssef-ben-Tachefin, l'Almoravide, la fondation de Bordj-el-Mehal, l'ancienne citadelle de Mostaganem. Youssef régna de 1061 à 1106. Mostaganem tomba au pouvoir des Mérinides en 1200 et, l'un d'eux, Abou-Einan, fit construire la mosquée en 1342.

La Ville passe en 1516 sous la domination des Turcs ; elle fut alors fortifiée et agrandie par Kheir-ed-Din. De cette époque date l'importance de Mostaganem, importance qu'avait comprise le comte d'Alcandète, gouverneur espagnol d'Oran, qui voulut s'en emparer en 1558, et n'y réussit pas.

Attirées par la fertilité du sol, de nombreuses familles maures vinrent d'Espagne se fixer sur le territoire de Mostaganem ; de grandes exploitations agricoles furent entreprises ; la culture du coton fut importée avec succès dans cette partie de l'Algérie. Les villes de Mostaganem, de Tigditt et de Mazagran comptaient alors ensemble une population d'environ 40.000 âmes et ne tardèrent pas à devenir le centre d'un commerce florissant.

Les invasions espagnoles, les incursions des Arabes, l'incurie ou l'avidité des gouverneurs turcs paralysèrent dans la suite ce mouvement agricole et industriel, et en 1830, lors de la prise d'Alger, les habitants du territoire de Mostaganem produisaient à peine les objets nécessaires à leur consommation.

A l'époque de la conquête d'Alger, les Turcs et les Koulouglis d'Alger, de Mazagran et de Mostaganem se retirèrent dans la forteresse de cette dernière ville, au nombre d'environ 1.200, pour échapper à la vengeance des Arabes qui se montraient alors aussi acharnés contre eux que contre les Français. Pendant l'année 1832 et les six premiers mois de 1833, Mostaganem, dont les défenseurs recevaient une solde régulière de la France, ne céda point aux attaques réitérées des Arabes, non plus qu'aux suggestions d'Abd-el-Kader, jusqu'au moment où, craignant de la voir tomber au pouvoir de l'ennemi, le général Desmichels s'en empara et y plaça une garnison française.

Cette nouvelle conquête devint bientôt une position importante, tant au point de vue stratégique qu'au point de vue commercial. Elle reçut de nombreux approvisionnements et devint l'entrepôt de Mascara, en même temps qu'elle commandait un vaste et riche territoire dont les communications avec Alger et Oran étaient alors impossibles.

RENSEIGNEMENTS GÉOGRAPHIQUES ET HYDROGRAPHIQUES

A) Renseignements intéressant la navigation :

1° *Description de la côte et de la région voisine du port :*

Le port de Mostaganem est situé sur la côte du Département d'Oran, dans la partie Est de la baie comprise entre le Cap Carbon et le Cap Ivi.

La ville de Mostaganem a pour coordonnées :

Longitude Ouest : 2° 15' 17"
Latitude Nord : 35° 56' 20"

Elle est située à 1 kilomètre de la mer sur un plateau de 104 mètres d'altitude.

Le port est dans le faubourg de la marine au débouché du ravin de l'Aïn-Sefra qui est une rivière à forte pente et dont le débit minimum atteint 120 litres à la seconde.

La côte est sensiblement rectiligne et dirigée du N.-E.

au S.-O. entre le cap Ivi au-delà de l'embouchure du Chéliff et l'embouchure de la Macta qui sont à 24 kilomètres environ de part et d'autre du Port.

Elle présente cependant une légère convexité vers l'intérieur, mais ce n'est qu'au-delà de la Macta qu'elle se relève promptement vers le N.-O. pour former la baie d'Arzew.

En l'étudiant de plus près on trouve deux saillies de la côte qui comprennent le Port, celle de la Salamandre à 2 kilomètres au S.-O. et celle de Karouba à 4 kilomètres au N.-O.

La côte depuis l'embouchure de la Macta jusqu'au Cap Ivi est constitué par des falaises à pic de 15 mètres de hauteur moyenne, constituées par des rochers et des sables appartenant à la formation des grès tertiaires. A leur base apparaît, notamment entre le port et l'embouchure du Chéliff, une puissante couche d'argile bleuâtre fortement marneuse. Au pied des falaises s'étend une plage de sable fin provenant de leur désagrégation.

La région voisine du port est couverte de collines dont les plus élevées atteignent 400 mètres (Djebel-Diss). Des étendues très importantes sont plantées en vigne.

2º *Profondeurs.* — La courbe des profondeurs de 10 mètres passe à 300 mètres environ de la côte, celle de 20 mètres à 800 mètres. Le fond est formé jusqu'à 100 mètres de la côte par l'argile bleuâtre qui se montre sur le flanc des falaises et qui est jusqu'ici recouverte d'un tapis de sable parsemé de blocs erratiques. Plus au large, l'argile fait place au rocher peu résistant, également recouvert de sable. On ne trouve pas trace de vase.

Le fond est de bonne tenue.

3° *Régime des vents et tempêtes :*

Les vents dominants sont ceux du N.-E., viennent ensuite ceux de l'Ouest et du Nord.

Quant aux vents de la région comprise entre le N.-E. et l'Ouest en passant par le Sud, ils sont extrêmement rares. Le vent du N.-E. domine en été et au printemps, mais pendant le reste de l'année les vents d'Ouest sont les plus fréquents.

Les coups de vent les plus violents sont ceux du N.-O. Les tempêtes commencent d'ordinaire par un vent d'Ouest, qui tourne graduellement vers le Nord et elles atteignent leur maximum de violence dans la direction du N.-O. Les vagues viennent alors dans la direction O.-N.-O.

La hauteur des lames pendant les tempêtes n'a jamais été l'objet de mesures précises.

D'après les renseignements fournis par les pêcheurs et les marins de la localité, les lames ne dépassent pas 4 à 5 mètres de hauteur à la distance de 1 mille du rivage et elles commencent à se briser sur les fonds de 7 à 8 mètres. Leur action sur les sables qui tapissent les talus sous-marins ne s'étend pas au-delà des profondeurs de 12 mètres.

4° *Variation du niveau de la mer :*

Il n'a été fait aucune observation sur les variations du niveau de la mer sous l'action des marées, des vents ou de la pression barométrique. Elles ne paraissent pas dépasser 0 m. 60.

5° *Courants :*

Le principal courant qui se fait sentir dans la région est

parallèle au rivage et se dirige de la pointe de Karouba à la pointe de la Salamandre.

Le mouvement général des sables vers l'embouchure de la Macta ne paraît pas avoir d'influence sur les profondeurs d'eau dans le port, ni à ses abords immédiats.

6° *Atterrages :*

Les points les plus élevés de la côte, au voisinage du port de Mostaganem sont le Djebel-Diss et la pointe des Deux Mamelles entre lesquels se trouve l'embouchure du Chéliff. Les amers les plus saillants sont le sémaphore d'Ouillis, non loin du Cap Ivi, l'ancien télégraphe au-dessus de Tounin-sur le Djebel Diss, le clocher et la tour de la mairie de Mostaganem, la colonne et l'ancien télégraphe de Mazagran.

Pendant la nuit, les approches du port de Mostaganem sont signalées, du côté du large, par le phare du Cap Ivi, d'une puissance lumineuse de 34 milles, dont le feu est à éclats blancs et par le phare de la Pointe des Aiguilles, d'une portée lumineuse de 25 milles. Entre ces deux phares se trouve le phare de l'Ilot d'Arzew, dont le feu est à éclats rouges, avec une puissance lumineuse de 19 milles et demi.

Ensuite les navires n'ont plus qu'à se guider sur les feux placés aux entrées du port : un, à éclats blancs, placé à l'extrémité de la grande jetée, et deux autres, rouge et vert, placés l'un sur le musoir de l'éperon de la jetée du large, l'autre sur le musoir de la jetée S. O.

B) Communications avec l'intérieur

Le port est desservi par les lignes de Mostaganem à Tiaret et de Mostaganem à la Macta avec une bifurcation sur Oran et sur Colomb-Béchar. La manipulation se fait de la gare de Mostaganem-ville. La répartition des marchandises sur les terre-pleins se fait à la gare maritime.

Les principales voies de terre autres que les chemins de fer sont :

La route nationale n° 4 d'Alger à Oran, qui dessert Relizane, Clinchant, l'Hillil, Bouguirat, Sirat, Blad-Touaria, la Vallée des Jardins, Mazagran, Ouréah, La Stidia et la Macta ; la route nationale n° 11 d'Alger à Mostaganem, dite route du littoral, qui dessert la région du Dahra et les centres de Picard, Lapasset, Bosquet et Ouilis ; la route nationale n° 17 de Mostaganem à Perrégaux, qui dessert Fornaka, Noisy-les-Bains et Rivoli et trois chemins de grande communication qui desservent Aïn-Sidi-Chérif, Bellevue, Aïn-Tédelès, Pont du Chéliff, Bellecôte, Tounin et Pélissier.

Toutes ces voies se subdivisent très rapidement en nombreux chemins qui sillonnent toute la région de Mostaganem.

DESCRIPTION DU PORT

A) État actuel

1° *Ouvrages :*

I. — *Description générale.*

Le port de Mostaganem est protégé des vents du Nord et du Nord-Ouest par la jetée du Nord-Ouest qui comporte à partir du rivage un alignement droit de 320 mètres de long, une partie en courbe de 150 mètres de rayon et de 190 mètres de développement et une partie rectiligne de 460 mètres de long. Un éperon de 30 mètres de long est enraciné près de l'extrémité de la digue N.-O., de façon à laisser une passe libre de 120 mètres de largeur environ avec l'extrémité de la digue S.-O.

La digue S.-O. est rectiligne et d'une longueur de 330 mètres.

Entre les enracinements des deux jetées s'étend sur une longueur de 400 mètres environ un terre-plein limité du côté de la mer par un talus en enrochements, à 3 de base pour 2 de hauteur. De ce terre-plein se détachent 4 appontements en bois et l'appontement en béton armé.

La surface d'eau est d'environ 18 hectares dont 12 hectares sont accessibles aux navires de fort tonnage et 5 hectares aux caboteurs et aux petites embarcations. Les terre-pleins ont une superficie de 3 hectares.

2° *Outillage :*

Levage. — Une bigue pouvant élever 6 tonnes.

Chalands. — Les marchandises sont débarquées ou embarquées au moyen de chalands au nombre de 50.

Alimentation en eau. — L'alimentation en eau est assurée par une prise débitant trois litres à la seconde, reliée directement à une source située non loin du port.

Parc à moutons. — Un parc à moutons pourvu de vastes

terrains de parcours a été aménagé pour recevoir les troupeaux de plus en plus nombreux embarqués à Mostaganem.

Gare maritime. — La gare est constituée par une simple halle à marchandises de 25 mètres de long sur 13 mètres de large, à laquelle fait suite un quai de 30 mètres de long. Elle possède une bascule et une grue.

Elle est pourvue d'un faisceau de quatre voies plus une voie occupant toute la longueur des terre-pleins. Cette dernière sera très prochainement prolongée en vue de desservir le terre-plein de la petite jetée.

B) Travaux en cours d'exécution

Néant.

C) Projets

Approuvés :

L'agrandissement du port de Mostaganem rendu nécessaire par le développement du trafic, comporte :

1° Le prolongement sur 160 mètres de long de la jetée N.-O., avec un profil identique au profil de la partie existante.

2° La construction au large d'une partie des terre-pleins actuels d'un mur de quai de 312 mètres de long permettant un tirant d'eau de 8 mètres. Ce mur doit être exécuté au moyen de blocs artificiels reposant sur un matelas de pierre cassée, avec un remblai en arrière formé de débris de carrière.

3° Entre la jetée N.-O. et l'extrémité E. de ce mur de quai, la construction d'une cale de halage de 115 mètres de long et 60 mètres de large. Le mur de quai limitant la câle du côté du large est arasé à la côte (— 2,80).

A l'étude :

Les projets à l'étude comprennent :

1° Le prolongement de la jetée N.-O. sur 1200 mètres ;

2° La construction, à partir de la pointe de la Salamandre, d'une jetée de 770 mètres destinée à progéter la nouvelle entrée du port, toujours située à l'Ouest, mais orientée perpendiculairement à la direction actuelle ;

3° L'établissement de deux bassins de 210 mètres de large avec môle de 170 mètres.

RENSEIGNEMENTS COMMERCIAUX ET STATISTIQUES

Le port de Mostaganem n'a pas de navigation au long cours, mais seulement une navigation de grand cabotage avec les ports d'Europe et surtout de France et une navigation de petit cabotage avec les ports algériens.

Les graphiques ci-après indiquent le mouvement général de la navigation et du développement du trafic.

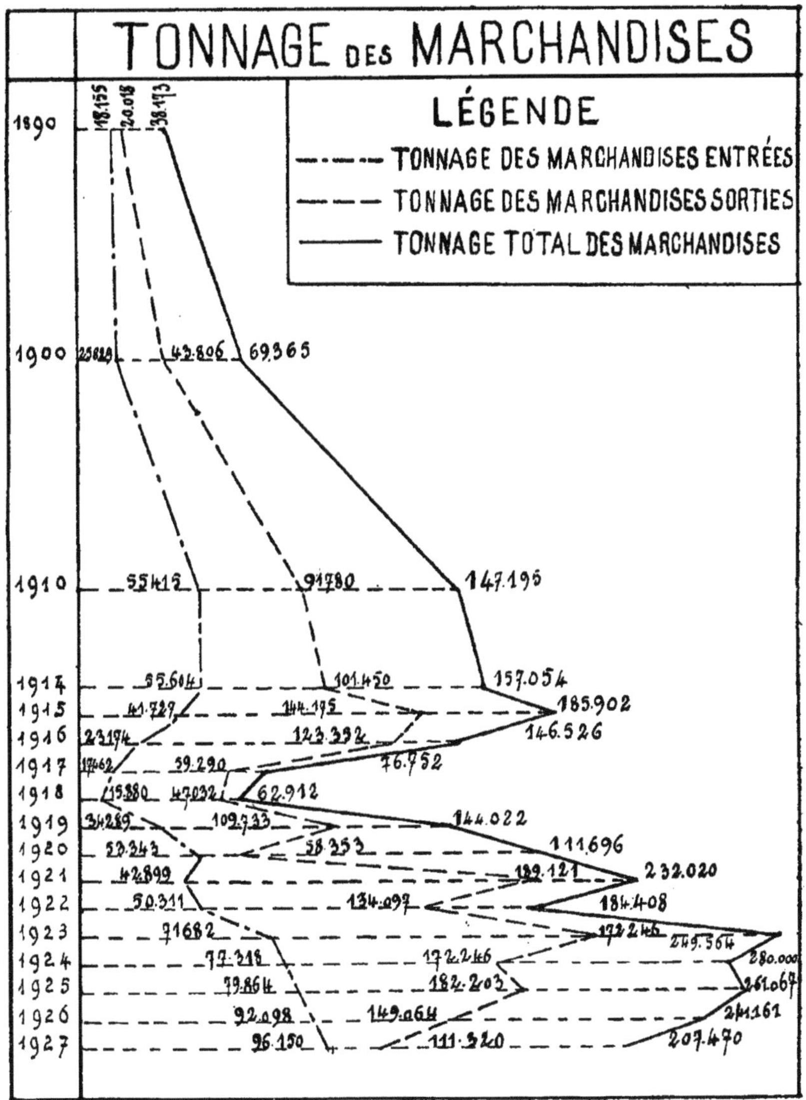
TONNAGE DES MARCHANDISES
LÉGENDE
TONNAGE DES MARCHANDISES ENTRÉES
TONNAGE DES MARCHANDISES SORTIES
TONNAGE TOTAL DES MARCHANDISES
1890
18.155
20.018
38.173
1900
25020
43.806
69.365
1910
55412
91780
147.195
1914
55.604
101.450
157.054
1915
41.727
144.195
185.902
1916
23174
123.332
146.526
1917
17462
39.290
76.752
1918
15.880
47032
62.912
1919
34289
109.733
144.022
1920
53.343
58.353
111.696
1921
42.899
189.121
232.020
1922
50.311
134.097
184.408
1923
71682
172.246
249.564
1924
77.318
172.246
280.000
1925
79.864
182.203
261.067
1926
92.098
149.064
241.161
1927
96.150
111.320
207.470

TONNAGE DE JAUGE ENTRÉES ET SORTIES RÉUNIES

Année	Tonnage
1890	234640
1900	322.962
1910	462.102
1915	576.743
1916	480.494
1917	283.075
1918	129.396
1919	92.630
1920	284.050
1921	275.642
1922	603.562
1923	756.026
1924	1.017.266
1925	1.001.566
1926	1.137.546
1927	1.068.987
1928	921.008

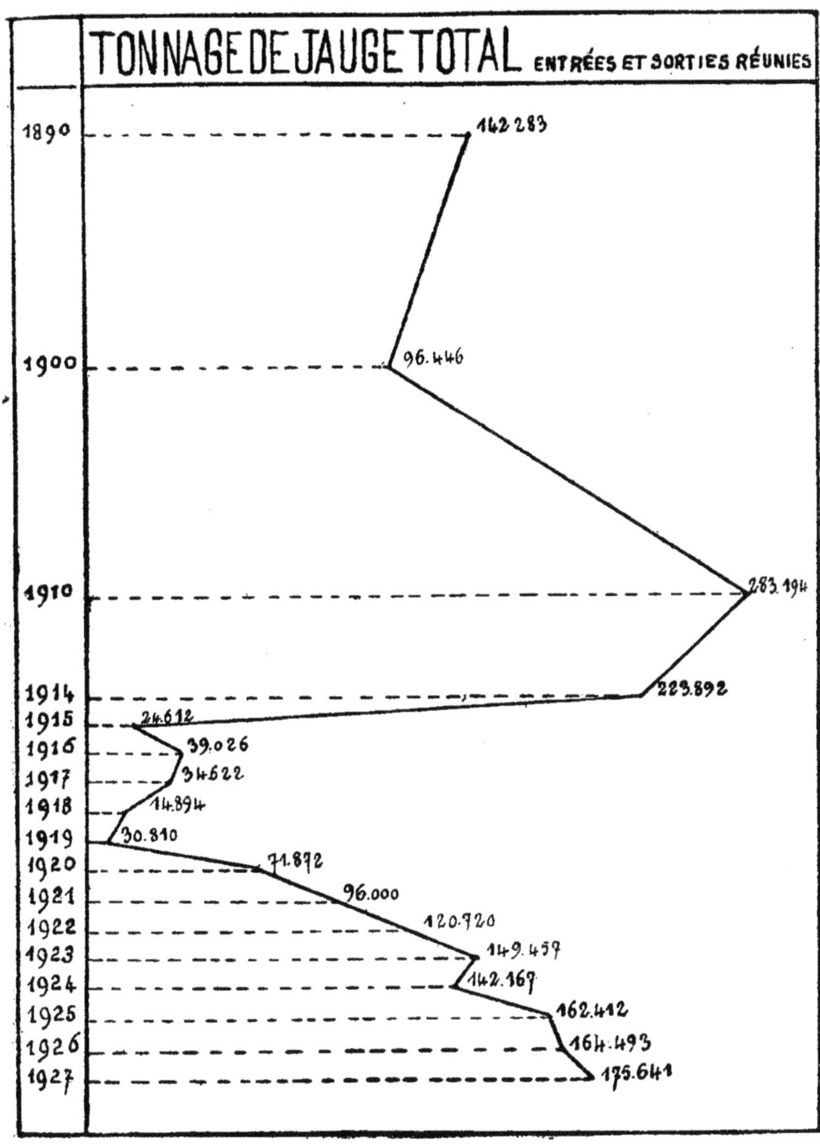
TONNAGE DE JAUGE TOTAL ENTRÉES ET SORTIES RÉUNIES
1890
142 283
1900
96.446
1910
283.194
1914
223.892
1915
24.612
1916
39.026
1917
34.622
1918
14.894
1919
30.810
1920
71.872
1921
96.000
1922
120.720
1923
149.457
1924
142.167
1925
162.412
1926
164.493
1927
175.641

CHAPITRE DEUXIÈME

LES PORTS DU DÉPARTEMENT D'ALGER

TÉNÈS

HISTORIQUE

La ville de Ténès a une origine ancienne. tout porte à croire qu'elle fut bâtie par les Phéniciens. Les Romains l'appelèrent Cartenna. Elle a été prise en 1516 par Barberousse l'aîné, qui conquit à la même époque Cherchell et Tlemcen. Elle n'a guère d'histoire jusqu'à la conquête française. Elle fut occupée 12 ans après la prise d'Alger.

RENSEIGNEMENTS GÉOGRAPHIQUES ET HYDROGRAPHIQUES

La ville de Ténès est sur la côte Ouest du département d'Alger, à 2 milles et demi à l'Ouest du phare du même nom. Elle est à 34 lieues marines d'Alger.

Le port de Ténès est situé au fond d'un golfe formé par la saillie des hautes terres du Cap du même nom. La nature des côtes et du fond y rendent la mer assez mauvaise, au point de vue de la tenue ; les fonds vaseux y offrent de bonnes conditions d'ancrage. Il est prudent de se tenir prêt à appareiller, surtout en hiver et par vent d'ouest.

Le port de Ténès est signalé aux navigateurs par les feux suivants :

Sur le Cap Ténès (36° 33' 1 de latitude Nord — 1° 20' 6 de longitude Est) à 4.400 mètres dans le Nord-Est de la Ville, un feu à 1 groupe de 2 éclats blancs toutes les 10 secondes, portant à 35 milles ;

Sur l'îlot du port, au coude de la jetée Ouest, un feu fixe blanc portant à 5 milles ;

Sur le Musoir de la jetée N.-O., un feu fixe avec un secteur blanc et un secteur vert ;

Sur le Musoir de la jetée N.-E., un feu fixe avec un secteur blanc et un secteur rouge ;

Sur le flanc de la falaise, à l'enracinement de la jetée Nord, un feu fixe avec un secteur blanc et un secteur rouge.

Les vents régnant à Ténès sont les vents du Sud, de l'Ouest et de l'Est.

Les vents de tempête sont les vents d'Ouest. Les vents dominants sont les vents d'Est, qui sont quelquefois d'une grande violence, obligeant les navires à doubler leurs amarres, mais la mer reste calme.

Le courant général porte à l'Est ; il atteint rarement 1 mille à l'heure.

DESCRIPTION DU PORT

CONDITIONS D'ACCÈS ET TIRANT D'EAU

Profondeur de la passe d'entrée : 12 mètres.

Profondeur d'eau dans le port : 4 m. 50 près du môle et

des quais ; 7 m. 50 le long du quai Ouest ; 11 mètres entre les musoirs des jetées.

PORT. — QUAIS.

Le port de Ténès se compose de 2 jetées laissant entre elles une passe de 150 mètres, couverte par un brise-lames de 400 mètres de longueur, orienté à peu près E.-O.

La passe Est entre le brise-lames et la jetée Est a 120 mètres de largeur avec 12 mètres de tirant d'eau ; la passe Ouest entre le brise-lames et la jetée N.-O. a 150 mètres de largeur et 12 à 17 mètres de profondeur.

La surface abritée est de 24 hectares par des fonds de 2 à 9 mètres dans la moitié du port qui touche au rivage, et de 9 à 12 mètres dans l'autre moitié.

Les fonds sont de sable vaseux et d'excellente tenue.

Dans l'angle S.-O. du port existe un môle par l'avant duquel accostent les petits vapeurs.

Large de 8 mètres et d'une hauteur de 1 m. 50 au-dessus du zéro avec un tirant d'eau de 4 m. 50 à son extrémité, ce débarcadère est long de 70 mètres. En arrière de ce quai sont des terre-pleins, utilisés par le commerce, d'une superficie de 3.000 mètres carrés environ.

Dans la partie Ouest du port existe un terre-plein de 10.500 mq, bordé de 232 mètres de quai fondé à (— 7,50).

Le port est desservi par des voies ferrées étroites le reliant à la ligne de chemin de fer de Ténès à Orléansville. Il n'existe pas d'outillage et pas de matériel d'acconage. Les navires opèrent par les moyens du bord avec de la main-d'œuvre indigène spécialisée dans le travail de chargement et de déchargement.

RENSEIGNEMENTS COMMERCIAUX ET STATISTIQUES

Le port de Ténès est un port de refuge, un port de pêche, et un port de commerce, dont le trafic ne s'est pas développé comme on l'espérait.

Le trafic, dont le graphique ci-contre donne le développement au cours de ces dernières années a été dn 1927 de 282 navires (entrées et sorties) pour un tonnage de jauge total de 37.134 tonnes et un tonnage effectif de marchandises de 14.400 tonnes. On a pêché en 1927 au port de Ténès 611.816 kilogrammes de poisson, dont la vente a rapporté : 1.369.628 francs.

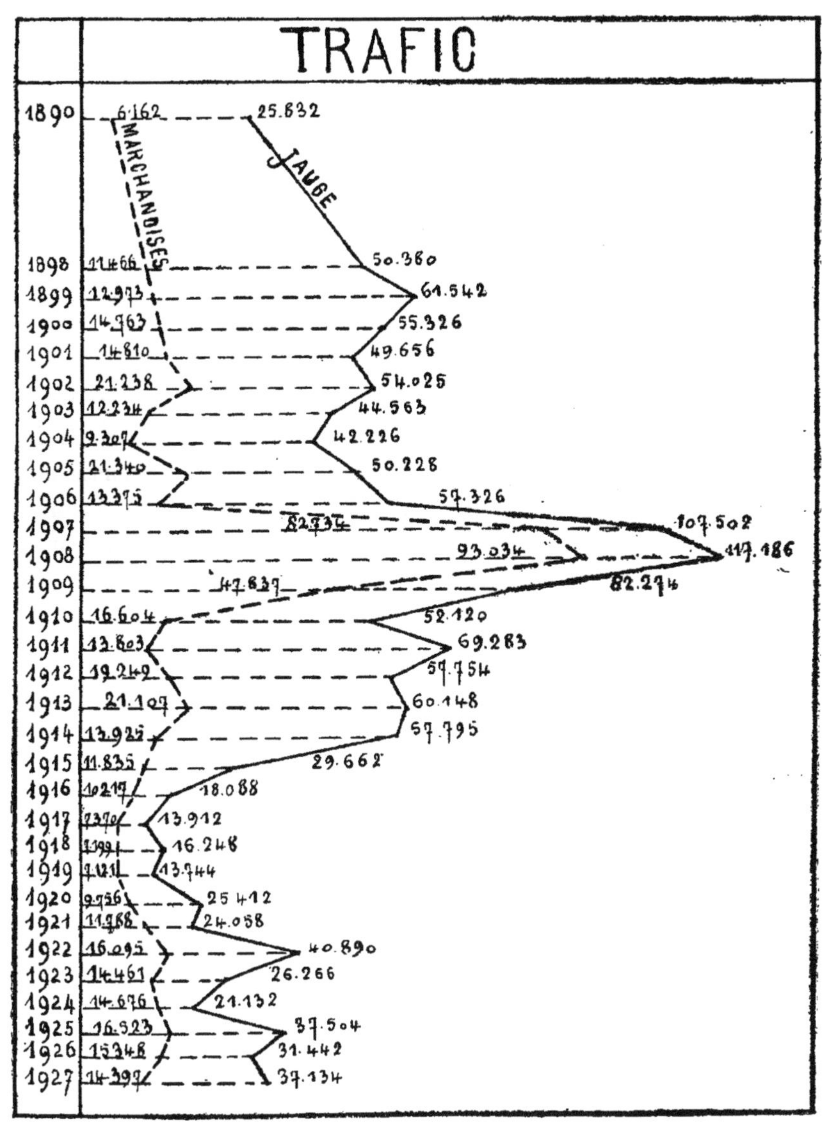
TRAFIC
MARCHANDISES
JAUGE
1890 6.162 25.832
1898 11.466 50.380
1899 12.973 61.542
1900 14.763 55.326
1901 14.810 49.656
1902 21.238 54.025
1903 12.234 44.563
1904 9.307 42.226
1905 21.340 50.228
1906 13.375 57.326
1907 82.734 107.502
1908 93.034 117.186
1909 47.837 82.274
1910 16.604 52.120
1911 13.803 69.283
1912 19.249 57.754
1913 21.107 60.148
1914 13.925 57.795
1915 11.835 29.662
1916 10.217 18.088
1917 13.912
1918 16.248
1919 13.744
1920 9.756 25.412
1921 11.788 24.058
1922 16.095 40.890
1923 14.461 26.266
1924 14.676 21.132
1925 16.523 37.504
1926 15.348 31.442
1927 14.397 37.134

BENI-HAOUA

Le débarcadère de Beni-Haoua, a été établi pour permettre l'exportation des minerais provenant des mines de Breira.

Le trafic a été en 1927 de 142 navires entrés et sortis pour un tonnage de marchandises entrées et sorties de 80.000 tonnes, dont 79.000 correspondent à l'exportation des minerais.

CHERCHELL

HISTORIQUE

La fondation de Cherchell remonte très probablement à l'époque du développement de la puissance de Carthage. Elle devint un siècle environ avant l'ère chrétienne la capitale du royaume fondé par les Romains. L'empereur Octave, ayant cru devoir donner aux habitants de l'Afrique du Nord un souverain de leur race, son choix se porta sur Juba, qui en fit une des villes les plus luxueuses de l'Afrique du Nord. En 429 commence l'invasion vandale, qui dure jusqu'en 533, puis des périodes de calme et de guerre (luttes des Maures contre les Gréco-Byzantins) se succèdent jusqu'à l'invasion arabe au VIIe siècle.

En 1516 commence l'occupation turque. Cherchell devint comme Alger un refuge de corsaires barbaresques.

Elle reste sous la domination des Turcs jusqu'à l'occupation française, qui est définitive en mars 1840.

RENSEIGNEMENTS GÉOGRAPHIQUES ET HYDROGRAPHIQUES

La ville, qui est sensiblement à égale distance d'Alger et de Ténès, est sur le bord d'une baie légèrement abritée des vents d'Est et d'Ouest par deux pointes saillantes : la presqu'île de Joinville et la pointe Zijirin.

Le port est signalé aux navigateurs par les feux suivants :

Sur l'îlot Joinville, au centre du port, 36° 36' 8 de latitude Nord et 2° 11' 5 de longitude Est, un feu blanc portant à 26 milles a un groupe de trois occultations toutes les 18 secondes ;

Sur la tête de la jetée de Joinville, un feu blanc fixe portant à 3 milles ;

A l'extrémité Est du quai Nord un feu fixe vert portant à 3 milles.

Le régime des vents à Cherchell est le même que sur la partie Ouest de la côte de l'Algérie ; les vents régnant sont en été ceux du N.-E., en hiver ceux du N.-O. Par mauvais temps il se forme une ligne de brisants dans le port.

DESCRIPTION DU PORT

De l'extrémité N.-E. de l'îlot Joinville part une petite jetée, dite jetée Joinville, de 100 mètres de longueur environ. La profondeur d'eau dans le port est de 3 m. 50 à 4 m. 20. La passe d'accès a 24 mètres de largeur.

Les fonds sont rocheux. La tenue y est bonne. La superficie de l'avant-port affectée au séjour des navires est de 4 hectares. Le port comprend un bassin creusé dans le sud de la presqu'île de Joinville.

Tout le tour de bassin est bordé de quais qui se trouvent à 1 m. 50 au-dessus du niveau moyen des eaux.

Ce sont :

Le quai du Nord, de 210 mètres de longueur, établi sur l'îlot Joinville ;

Le quai de l'Ouest, de 125 mètres de longueur, construit sur la jetée de jonction de l'îlot Joinville à la côte ;

Le quai de la Douane, de 220 mètres de longueur, fondé devant la ville ;

Le quai de l'Est, de 70 mètres de longueur, élevé sur la jetée de l'Est.

La superficie du bassin est de 1 hectare 35 avec des profondeurs de 3 m. 50 à 4 m. 20. La longueur totale accostable des quais est de 520 mètres et la surface utilisable des terre-pleins de 1 hectare 12.

Une cale sèche et une petite plage de halage permettant de tirer à terre les bateaux de pêche.

Une grue fixe à pivot de 5 mètres de portée et d'une force de 2 tonnes est installée sur le quai Nord.

Les navires opèrent généralement par les moyens de bord avec, le cas échéant, le concours d'allèges.

Les travaux projetés comportent la construction d'un brise-lames Est dans la baie à la pointe des Marabouts en face de la passe d'entrée du port et à 300 mètres environ de cette dernière ; le prolongement de la jetée Joinville sur 80 mètres et la création de 2 terre-pleins l'un entre la jetée Joinville et le musoir du quai Nord prolongé l'autre à la partie Sud de la jetée de l'Est ; l'approfondissement du port à 5 m. 50 à la passe d'entrée et dans les trois quarts du bassin ; l'élargissement de la passe d'entrée à 36 mètres par rescindement de la jetée Est.

RENSEIGNEMENTS COMMERCIAUX ET STATISTIQUES

Le port de Cherchell est un port de pêche et de cabotage algérien.

Le trafic, dont le graphique ci-contre donne le développement au cours de ces dernières années, a été en 1927 de 710 navires (entrés et sortis) pour un tonnage de jauge total de 70.354 tonnes et un tonnage effectif de marchandises de 30.723 tonnes.

On a pêché en 1927 1.031.295 kilogrammes de poisson dont la vente a rapporté 2.283.685 francs.

TRAFIC

Année	MARCHANDISES	JAUGE
1890	13.345	17.262
1897	36.025	47.741
1898	23.268	30.950
1899	29.158	42602
1900	21771	41.450
1901	19.835	34100
1902	22751	40.362
1903	20.992	39.942
1904	21050	27410
1905	22731	38.538
1906	25457	54.068
1907	26.497,5	43.957
1908	25.560	45.030
1909	31.398	59.586
1910	32782	57.212
1911	30417	51812
1912	34035	52662
1913	26438,5	45.696
1914	42123	61.290
1915	32646	43392
1916	22.592	38.824
1917	21363	37.502
1918	14599	27372
1919	23972	30.762
1920	23.229	36.920
1921	26418	48990
1922	28862,1	49230
1923	40.945,7	58.432
1924	30.414,6	30362
1925	41.798	68148
1926	39.634	70.774
1927	30723,2	70.354

PORT DE TIPAZA

Le village actuel de Tipaza a été construit à l'emplacement de la ville romaine de Tipaza, fondée par l'empereur Claude. Des ruines considérables recouvrent le sol à l'intérieur et à l'extérieur de l'enceinte ancienne.

Le port est situé à l'Est du promontoire avancé du Chenoua.

Il est signalé aux navigateurs par le feu fixe vert de la pointe Ras-el-Kadia portant à 5 milles et par un feu fixe vert portant à 2 milles situé à l'extrémité Nord du nouveau môle et par un feu fixe blanc portant à 4 milles situé à 135 mètres dans le Sud du précédent.

La baie comprise entre le promontoire du Chenoua et la pointe rocheuse de Tipaza offre un bon mouillage bien abrité des vents compris entre l'ouest et l'O.-N.-O., mais les navires doivent toujours être prêts à le quitter dès que le vent se lève au N.-N.-O.

On projette la construction d'un ouvrage de protection.

Le port de Tipaza est un port de cabotage algérien et un port de pêche ; son trafic, dont le graphique ci-contre donne le développement au cours de ces dernières années, a été en

TRAFIC

	MARCHANDISES	AUBE
1886	397	2751
1890	2932	7.170
1897	13838	27.261
1898	10379	20.262
1899	15.380	33.200
1900	11020	24.218
1901	15.097	24.236
1902	29.494	35.686
1903	29175	36.574
1904	32828	35.284
1905	33321	49.400
1906	37.128	65.074
1907	46723,7	59.760
1908	45.050,8	56.634
1909	48.219	82.332
1910	41708,8	90 878
1911	59.716	84.464
1912	63.394,4	77 640
1913	45.917	66.710
1914	42406,2	66 908
1915	42774	60 180
1916	15623	32.116
1917	19.456	33.800
1918	12469	23620
1919	25839	34 072
1920	15817	32314
1921	32130,9	55304
1922	31.102,212	51.804
1923	38.439,032	61.838
1924	30.207,859	52.994
1925	42352,768	68.178
1926	81.849,794	116820
1927	73630,548	117.728

1927 de 1.048 navires (entrés et sortis) pour un tonnage de jauge total de 117.728 tonnes et un tonnage effectif de marchandises de 73.630 tonnes.

On a pêché en 1927 40.000 kilogrammes de poisson dont la vente a rapporté 240.000 francs.

PORT D'ALGER

HISTORIQUE

Les véritables annales de l'Algérie et surtout d'Alger ne commencent guère qu'au XVIe siècle. — Vassale de l'Espagne, la ville d'Alger fut conquise en 1518 par les frères Barberousse, Aroudj et Khaïr-Ed-Din, qui se mirent sous la protection de Selim Ier, empereur des Turcs. En mai 1529 Khaïr-ed-Din attaqua le fort du Pénon, situé sur un îlot en face d'Alger, et après quinze jours d'un feu continuel, s'en rendit maître. Après cette expédition, Khaïr-ed-Din entreprit l'exécution d'un plan qu'il avait conçu pour établir un port à Alger. Il s'agissait de réunir le Pénon à la ville au moyen d'une jetée et de construire un môle en prolongement de l'îlot, de façon à constituer un abri pour les navires pendant les gros temps. Cette jetée, que l'on nomme encore aujourd hui Khaïr-ed-Din, et ce môle furent exécutés, dit-on, par trente mille esclaves chrétiens qui y furent employés avec tant d'activité et de vigueur que tous les travaux furent terminés en moins de trois ans et cela sans aucune dépense pour Khaïr-ed-Din.

C'est ainsi que fut créé le premier élément du port d'Alger qui, malgré toutes ses imperfections au point de vue nautique, devint alors le repaire préféré des corsaires barbaresques, lesquels donnaient l'effroi à toutes les nations chrétiennes.

En 1541 l'empereur Charles-Quint entreprit contre Alger une expédition, qui échoua par suite d'une tempête violente qui se déchaîna dans la rade après le débarquement des troupes. Charles-Quint put à grand'peine regagner l'Espagne avec les débris de sa flotte.

Alger passa alors pour invincible et continua à servir de repaire aux corsaires, qui se livrèrent à des brigandages commis impunément sur toutes les nations malgré les injonctions sévères des sultans.

Après les expéditions organisées par Louis XIV en 1663, 1664, 1682, 1683, 1684 et 1688, expéditions qui furent dirigées par le duc de Beaufort, l'amiral Duquesne et le maréchal d'Estrées, les corsaires algériens cessèrent d'exercer la piraterie contre la France, mais ils continuèrent leurs déprédations contre les autres puissances chrétiennes. Celles-ci ne firent aucune entreprise efficace contre Alger jusqu'en 1816, année pendant laquelle la ville fut bombardée par une flotte anglaise sous le commandement de l'amiral lord Exmouth.

Après deux nouvelles expéditions sans succès des escadres anglaises en 1825, et après l'insulte faite, le 27 avril 1827, à M. Deval, Consul général de France, par le Dey d'Alger, Hussein Pacha, qui frappa le Consul français au visage avec le chasse-mouches formé de plumes de paon qu'il portait à la main, les satisfactions demandées par la France ayant été refusées, le blocus du port d'Alger fut entrepris et dura jusqu'au mois de juillet 1829. On adressa alors de nouvelles demandes de satisfaction plus modérées que les premières, qui furent tout aussi mal accueillies. Le vaisseau, qui avait porté le négociateur français et qui naviguait sous pavillon parlementaire, reçut en partant une volée de coups de canons du haut des batteries qui garnissaient la rade d'Alger.

Cette fois l'expédition fut résolue. Une flotte fut rassemblée à Toulon sous le commandement du vice-amiral Duperré, transportant une armée de 40.000 hommes dont le comte de Bourmont fut nommé général en chef.

Le 13 juin la flotte jeta l'ancre dans la baie de Sidi-Ferruch ; le 19, l'armée entière débarquée s'empara du camp de Staouély défendu par environ 30.000 hommes.

Le 4 juillet le fort l'Empereur, qui dominait la Casbah, la ville et tous les forts extérieurs, fut emporté après une assez vive résistance.

Le 5 juillet fut signée, après quelques pourparlers, la convention par laquelle furent remis aux troupes françaises le fort de la Casbah, tous les autres forts d'Alger et le port de cette ville.

La ville, dont on prenait ainsi possession, était entourée d'un mur à l'antique avec tours et créneaux ; les rues étaient étroites, tortueuses, le plus souvent sans pavé.

Depuis l'occupation française, la ville a complètement changé de physionomie. C'est maintenant une très belle ville, qui mérite son titre de capitale de l'Afrique du Nord. Elle a pris l'aspect d'une grande ville de France ; les étrangers ou artistes qui sont en quête d'emplacements ayant conservé la pure empreinte du cachet oriental sont obligés de porter leurs recherches sur certains points de la haute ville là où il n'a pas encore été élevé de construction européenne.

On trouve cependant dans la basse ville quelques spécimens de maisons mauresques, qui ont été conservées, dont les plus remarquables sont le palais du Gouverneur, le palais de l'Archevêché, la maison sise rue de l'État-Major qui est affectée à la bibliothèque-musée, la maison de la rue Philippe qu'occupe pour son logement et ses bureaux le Colonel, directeur du génie.

RENSEIGNEMENTS GÉOGRAPHIQUES ET HYDROGRAPHIQUES

Rade et Mouillages

La baie d'Alger présente la forme d'un croissant dont la concavité est dirigée vers le Nord ; elle a une ouverture d'une dizaine de milles sur une profondeur de 4 milles. Elle est couverte à l'Ouest par le cap Caxine, à l'Est par le cap Matifou. La rade est une rade foraine à fond de bonne tenue. Les navires mouillent ordinairement par des fonds de 25 à 30 mètres, à l'Est de la jetée Est du bassin du Vieux port ; ils sont ainsi relativement abrités de la mer d'Ouest ou de Nord-Ouest mais sont bien tourmentés par la houle de Nord et de Nord-Est.

Feux et Signaux

Le port d'Alger est signalé aux navigateurs par les feux suivants :

Phare du cap Caxine à 5 milles 1/2 environ à l'Ouest 15° Nord du phare d'Alger (feu à éclats blancs réguliers de 5 secondes en 5 secondes).

Phare du cap Matifou à 8 milles 1/2 environ à l'Est du phare d'Alger (feu à éclats blancs groupés par 3 toutes les 15 secondes).

Phare d'Alger, sur l'îlot de la Marine (feu à occultations régulières de 5 en 5 secondes blanc à secteur rouge couvrant l'îlot de la Marine et la jetée Nord).

Feu du Musoir Nord à 200 mètres environ à l'ouest de l'extrémité de la jetée Nord : feu blanc à occultations groupées par 2 toutes les 8 secondes (secteur obscur couvrant la jetée Nord et l'îlot de la Marine).

Deux bouées lumineuses à feu fixe vert signalent les extrémités de la jetée Nord et de la jetée de l'Agha.

Les limites de la passe Nord sont signalées par deux feux électriques rouge et vert à éclats réguliers toutes les 2 secondes.

Celles de la passe de l'Agha sont signalées par deux feux électriques fixes : l'un vert, occulté vers le large, l'autre rouge à secteur blanc.

L'angle Nord-Est du terre-plein de raccordement entre les bassins de l'Agha et de Mustapha est signalé par un feu fixe rouge.

Enfin une bouée lumineuse à feu fixe vert a été mouillée à environ 700 mètres dans l'Est de la passe de l'Agha ; il est interdit de mouiller au Sud de cette bouée pour ne pas dégrader la nouvelle jetée en construction.

Sémaphores

Le premier est établi sur le versant de la Bouzaréa qui regarde la mer, par 36° 48' 20" de latitude Nord et 0° 41' 33" de longitude Est.

Le second est placé au-dessous du phare du cap Matifou par 36° 48' 51" de latitude Nord et 0° 54' 36" de longitude Est.

Marées

La différence de la mer dans le port d'Alger entre ses deux limites extrêmes est de 66 centimètres.

La mer monte en général avec les vents d'Ouest et baisse avec les vents d'Est.

Régime des Vents

Il n'y a en moyenne que trois ou quatre tempêtes par an, et elles ne durent jamais plus de deux ou trois jours. Les vents du large compris entre le N.-O. et le N.-E. sont les seuls qui les amènent.

Régime de la Pluie

Le nombre moyen de jours de pluies par an est de 100 en chiffre rond, se décomposant comme suit :

1er	trimestre	—	35
2e	»	—	20
3e	»	—	10
4e	»	—	35

La hauteur moyenne d'eau tombée est de 700 m/m par an, se décomposant comme suit :

1er trimestre	—	260 m/m
2e »	—	100 m/m
3e »	—	40 m/m
4e »	—	300 m/m

Température

Le plus petit minimum est de 0° 4.

Le plus grand maximum est de 40°. Il doit être attribué à l'action du siroco.

La température moyenne est de 19°.

Observations barométriques

Le baromètre est placé à 4 m. 50 au-dessus du niveau moyen de la mer. La hauteur moyenne de la colonne barométrique est de 764 millimètres ; les limites extrêmes sont de 743 et 781 millimètres.

Description du Port

Etat actuel du port. — Bassin du Vieux-Port.

La surface de la nappe d'eau abritée est d'environ 90 hectares.

La partie comprise entre l'îlot de la Marine et le môle de la Santé a peu de profondeur ; elle est réservée à la marine nationale, aux embarcations de pêche et de plaisance.

Les profondeurs varient de 10 à 20 mètres dans la plus grande partie du bassin.

Les quais sont fondés à des profondeurs très variables et le plus souvent insuffisantes pour permettre l'accostage des navires de dimensions moyennes ; la longueur des quais utilisables pour le commerce est d'environ 1.700 mètres.

Les navires sont généralement amarrés en pointe et font leurs opérations par l'intermédiaire de chalands, à l'exception des navires côtiers et des paquebots de la Compagnie Générale Transatlantique et de la Compagnie de Navigation Mixte. Ces derniers accostent aux quais Nord et Sud de la nouvelle gare maritime du môle Al-Djefna.

Les grands paquebots en relâche, les navires de guerre de fort tonnage, sont amarrés en pointe au quai Est du môle Al-Djefna.

Les dimensions et la profondeur du bassin du Vieux-port permettent d'y recevoir les plus grands navires ; les évolutions des paquebots de plus de 20.000 tonnes sont délicates, mais elles peuvent être effectuées à l'aide de puissants remorqueurs.

Un grand nombre d'embarcations de servitude, notamment des chalands chargés de charbon, pour le ravitaillement des navires stationnent dans le bassin du Vieux-port et y occupent une surface d'environ 15 hectares principalement le long des jetées.

Bassin de l'Agha.

Ce bassin est séparé du bassin du Vieux-port par le môle Amiral Mouchez. La surface d'eau abritée est d'environ 35 hectares. Les profondeurs y varient de 6 m. 50 à 15 mètres.

Le développement total des quais du môle Amiral Mouchez,

du môle aux minerais et du grand môle ainsi que des quais de rive est d'environ 2.700 mètres, ces quais sont fondés à l'intérieur du bassin à des profondeurs variant de 6 m. 50 à 10 mètres. Le quai Sud du grand môle est fondé à des profondeurs variant de 4 mètres à 7 m. 80.

La plupart des navires sont placés bord à quai ; quelques-uns sont cependant mouillés en pointe au voisinage des quais de rive et effectuent leurs opérations par l'intermédiaire de chalands. Un certain nombre dà coffres d'amarrage, mouillés à proximité des quais facilitent les manœuvres des navires.

Terre-pleins.

La surface totale des terre-pleins du port, y compris les voies publiques, est d'environ 50 hectares dont une partie est occupée par divers services publics et par la gare d'Alger.

Le bassin du Vieux-Port ne comprend guère que 6 hectares de terre-pleins, couverts ou non couverts, utilisables pour le dépôt des marchandises.

Le bassin de l'Agha comporte une vingtaine d'hectares affectés en principe au dépôt des marchandises, mais une grande partie est utilisée par des chais, des ateliers, des entrepôts de matériaux de construction, etc...

Un nouveau terre-plein, constituant le raccordement entre les bassins de l'Agha et de Mustapha, vient d'être achevé et livré à l'exploitation. Une partie de ce terre-plein est occupée par la base d'hydravions du service de la Navigation aérienne et par les chantiers de l'entreprise des travaux d'extension du port. Déduction faite des voies publiques, une superficie d'environ 9 hectares est mise à la disposition du commerce.

Sur ces 9 hectares, 2 ont été loués pour la construction d'une importante centrale thermique et 1 hectare 5 pour un parc à charbon, dont les manipulations doivent être assurées au moyen de trois grands portiques à avant bec relevable en cours d'installation.

Voies ferrées

Les terre-pleins du port sont desservis par un réseau de voies ferrées normales et étroites. Les voies normales ont un développement de 11 kilomètres ; les voies étroites un développement de 5 kilomètres.

Formes de radoub et cales sèches :

Le port possède deux formes de radoub, situées dans la partie Sud du bassin du Vieux-Port, dont les dimensions sont les suivantes :

	Grande forme	Petite forme
Longueurs	138 m. 83 114 m. 87 110 m. 42	81 m. 90 61 m. 66 57 m. 26
Largeurs	26 m. 40 à la cote (+ 1,20) 15 m. 83 à la cote (— 7,22)	22 m. 00 à la cote (+ 1,20) 10 m. 60 à la cote (— 5,05)
Tirants d'eau	8 m. 35 7 m. 31	5 m. 68 5 m. 05

Les machines d'épuisement à vapeur permettent d'épuiser la grande forme en 5 heures, la petite forme en 2 heures.

Les formes sont exploitées par l'État. Les usagers paient une taxe de location calculée d'après le tonnage de jauge brute et la durée de l'occupation, et remboursent au service des Ponts et Chaussées tous les frais d'épuisement, d'entretien de matériel, etc...

Le port possède également trois cales sèches situées au voisinage des formes de radoub. Ces cales ont les dimensions suivantes :

	Longueur	Largeur	Pente	Niveau du seuil
Cale Sud	80 m. 00	12 m. 00	0 m. 097	(— 3,50)
Cale du milieu	79 m. 75	30 m. 10	0 m. 056	(— 1,00)
Cale Nord	79 m. 75 à 42 m. 30	40 m. 10	0 m. 049	(0,00)

Les cales, dont l'usage est gratuit, sont utilisées par les chalands, les remorqueurs et les chalutiers.

Les embarcations de pêche et de plaisance utilisent également d'anciennes cales situées au Nord du môle de la Santé, et la marine autorise, sous certaines conditions, l'usage de la cale des torpilleurs de l'amirauté.

Appareils de levage et manutention.

La Chambre de commerce exploite :

Sur les quais du bassin du Vieux-Port 6 grues fixes à bras

(1 de 20 tonnes, 2 de 5 tonnes, 2 de 1 t. 5 et 1 de 1 tonne.)

Sur le quai de rive au Sud du môle Al-Djefna et sur le quai de rive au Sud du môle aux minerais : deux grues électriques à portique roulant de 3 tonnes.

Il existe dans le port une dizaine de pontons-mâtures dont deux à vapeur de 10 et 30 tonnes et six grues flottantes à vapeur utilisées pour la manutention des charbons. Le service des Ponts et Chaussées possède un ponton-mâture de 60 tonnes qui peut être mis à la disposition du commerce.

Les sociétés exportatives de minerai de fer ont installé sur le môle à minerais un outillage important : portique de chargement et grue à portique de la société d'Embarquement, installation de déchargement, mise en stock et embarquement des sociétés des Mines de Rouïna et de Miliana (basculeur de wagons, bennes monorail automotrices, portiques de reprise au stock avec grues à bennes automatiques, trémie de chargement).

Enfin la société Prosper Durand et Fils possède une installation de manutention mécanique de charbon par chariots monorail à bennes qui dessert son dépôt de charbon et sa fabrique d'agglomérés situés près du quai de rive entre le môle Amiral Mouchez et le môle à minerais.

Chalands.

472 chalands de 20 à 250 tonnes de portée stationnent dans le port et sont utilisés soit pour l'embarquement et le débarquement des marchandises diverses, soit pour le stockage des charbons.

Il existe également un grand nombre d'embarcations à usages divers.

Hangars, magasins, entrepôts.

Les hangars-abris de la Chambre de commerce comprennent :

1° deux groupes de hangars situés en bordure du quai de rive du bassin du Vieux-Port, au Nord des cales sèches (les premiers surmontés d'un étage occupent une superficie de 3.600 mètres carrés ; les seconds, sans étage, occupent 3.300 mètres carrés) ;

2° les anciens hangars de l'Aviation maritime situés au Sud du grand môle de l'Agha qui occupent une superficie d'environ 4.000 mètres carrés et qui sont d'ailleurs livrés actuellement pour leur plus grande partie au service de la Navigation aérienne (base d'hydravions d'Alger) ;

3° les deux groupes de bâtiments, occupant une superficie de 14.000 mètres carrés environ qui ont été édifiés sur le môle Al-Djefna et qui, improprement désignés sous le nom de « gare maritime », comprennent de vastes docks à marchandises et des installations spéciales pour l'embarquement et le débarquement des voyageurs (ils sont loués à la Compagnie Générale Transatlantique et à la Compagnie de Navigation Mixte, chargées des services maritimes postaux entre Alger, Marseille et Port-Vendres, qui y ont installé leurs bureaux) ;

4° deux bâtiments à rez-de-chaussée et étage occupant une superficie totale de 1.050 mètres carrés qui ont été loués à la Société générale des Transports maritimes et à l'Administration des Postes et Télégraphes.

De nombreux hangars et entrepôts ont été construits en

	1919	1920	1921
Nombre de navires (entrées et sorties)	4.100	5.300	6.100
Tonnage de jauge (entrées et sorties)	4.900.000 T.	6.300.000 T.	8.500.000 T.
Tonnage effectif total de marchandises (entrées et sorties)	1.600.000 T.	1.800.000 T.	1.900.000 T.

La progression du trafic depuis 1919 est en moyenne de 260.000 tonnes

divers points du port, notamment sur les terre-pleins du bassin de l'Agha, par des particuliers locataires de la Chambre de Commerce, à laquelle a été accordée la concession de la quasi totalité des terre-pleins du port. Quelques-uns de ces hangars appartiennent à des compagnies de navigation qui les utilisent pour abriter les marchandises qu'elles transportent,

Enfin on peut dans une certaine mesure assimiler à des hangars les voûtes situées sous le boulevard de la République, en bordure des terre-pleins du bassin du Vieux-Port, et qui débouchent soit sur ces terre-pleins, soit sur les rampes d'accès reliant le port au boulevard. Ces voûtes concédées à la ville d'Alger et rétrocédées à une société abritent des commerces, et industries variées et même des locaux d'habitation. Leur superficie totale est d'environ 5.000 mètres carrés. On y trouve

	1923	1924	1925	1926	1927
	8.400	8.200	8.200	8.600	9.000
T.	14.000.000 T.	14.000.000 T.	13.300.000 T.	14.000.000 T.	15.400.000 T.
T.	2.600.000 T.	3.100.000 T.	3.100.000 T.	2.900.000 T.	3.700.000 T.

des magasins généraux, administrés par la Société des docks, magasins généraux et entrepôts Warrants d'Alger, et un entrepôt réel des Douanes.

Remorquage et sauvetage.

Il existe dans le port 35 remorqueurs de 20 à 350 chevaux appartenant à des entreprises privées.

La Société Algérienne de Navigation pour l'Afrique du Nord (Schiaffino & Cie) possède un important matériel de sauvetage et de renflouement, comprenant en particulier deux remorqueurs de 400 et 980 chevaux et une allège.

Ravitaillement des navires en combustible et eau douce.

D'importants dépôts de charbon sont constitués à Alger

pour le ravitaillement des navires. Ce charbon est stocké sur les terre-pleins et surtout sur de nombreux chalands ; les navires peuvent ainsi faire leur charbon aussitôt après leur mouillage.

Un dépôt de charbon flottant, constitué par une ancienne coque de navire munie de deux grues roulantes à vapeur à benne automatique, est mouillé dans le bassin de l'Agha.

Ce dépôt peut recevoir environ 8.000 tonnes de charbon.

Le stock global de charbon de soute disponible est en moyenne de 50.000 tonnes.

Un réservoir à mazout (fuel oil) d'une capacité de 10.000 tonnes est situé près de l'extrémité du grand môle du bassin de l'Agha ; la délivrance est le plus souvent faite par l'intermédiaire d'un navire-citerne d'une capacité de 650 tonnes.

Il existe également dans le port un navire-citerne utilisé comme dock flottant, dont la capacité maxima est de 7.000 tonnes ; à ce dépôt est annexé une citerne flottante d'une capacité de 800 tonnes.

L'eau douce est fournie aux navires par la ville qui a installé sur les quais un certain nombre de bouches pour l'alimentation des navires des compagnies régulières et qui possède des citernes flottantes munies de motopompes.

Travaux en cours.

On poursuit l'exécution du projet d'extension du port vers le Sud-Est qui a été déclaré d'utilité publique par la loi du 21 avril 1921.

Ce projet comporte la construction d'un avant-port et de deux nouveaux bassins dits de Mustapha et du Hamma.

L'avant-port protégé par le prolongement de la jetée Nord

du bassin du Vieux-Port et par une jetée coudée N.-E. doit avoir une surface de 115 hectares.

Les 2 bassins de Mustapha et du Hamma auront des plans d'eau abrités de 80 hectares et de 60 hectares. Les nouveaux terre-pleins gagnés sur la mer auront une superficie totale de 175 hectares.

Les travaux de construction du Bassin de Mustapha ont été adjugés en 1923 à l'entreprise Schneider, Hersent et Daydé.

La jetée, de 1.200 mètres de longueur, enracinée près de l'extrémité de la jetée de l'Agha, qui doit protéger du côté du large le Bassin de Mustapha, sera vraisemblablement terminée en 1930.

La caractéristique des travaux en cours d'exécution réside dans l'emploi de blocs artificiels en béton de grandes dimensions.

La jetée est formée par un mur vertical fondé sur un massif d'enrochements arasé à la cote (— 15,00), ce type de jetée se substituant à l'ancien type classique de la jetée à talus en enrochements et blocs artificiels.

Les blocs mis en œuvre pour la construction de la jetée et des murs de quai ont un poids individuel qui dépasse 400 tonnes.

L'entreprise Schneider, Hersent et Daydé, a réalisé des installations de chantiers et carrières qui sont remarquables. Le matériel qu'elle utilise et qui comprend, en particulier, les engins de bardage à terre et sur l'eau des blocs artificiels de grandes dimensions, donne entière satisfaction. C'est un résultat heureux, étant donné que l'on avait largement extrapolé en passant pour les poids des blocs artificiels du maximum de 100 tonnes antérieurement admis au chiffre nouveau de 450 tonnes.

On construit en même temps le long de la jetée Est du Bassin du Vieux port un môle à charbon de 600 mètres de longueur et de 50 mètres de largeur, limité par un quai accostable par des navires d'un tirant d'eau égal ou supérieur à 10 mètres. Ce môle entrera en service dès 1930. Il sera muni d'un outillage mécanique permettant de faire rapidement et économiquement la mise en stock sur le môle du charbon importé par les navires charbonniers, ainsi que la reprise au stock et la délivrance du charbon de soute aux navires relâcheurs.

Travaux projetés.

On va commencer en 1930 le prolongement de la jetée du Nord du Bassin du Vieux-Port, sur une longueur de 400 mètres ; ce prolongement qui constitue une première étape de l'établissement de l'avant-port déclaré d'utilité publique par la loi du 21 avril 1421, assurera une protection efficace du bassin du Vieux-Port contre la houle du large.

On va aussi entreprendre à bref délai : l'avancement du quai de rive du Bassin du Vieux-Port entre le môle Al-Djefna et les cales sèches ; la construction à l'Est du quai ainsi avancé d'un môle au droit des hangars abris de la Chambre de Commerce.

On va enfin construire les quais de rive de la darse située au Sud du Bassin de l'Agha.

Par ailleurs un gros effort va être fait pour développer rapidement l'outillage du port. Un marché pour l'acquisition de 12 grues électriques de 3 tonnes à installer sur le Grand Môle du Bassin de l'Agha va être bientôt passé ; on envisage l'achat prochain d'un ponton-mâture de 150 tonnes, de remorqueurs puissants de 500 à 600 HP et de docks flottants de 8.000 à 12.000 tonnes. On étudie enfin des projets de nouveaux hangars-abris et des projets d'outillage pour l'équipement des môles du Bassin de Mustapha en cours de construction.

RENSEIGNEMENTS COMMERCIAUX ET STATISTIQUES

Le port d'Alger est un port d'exportation.

Le port d'Alger est un port d'importation et d'exportation ; c'est aussi un port de relâche (de nombreux navires y viennent se ravitailler en vivres et combustibles), c'est d'autre part un port à passagers (un mouvement important de passagers s'est établi entre Alger et les différents pays de l'Europe et *vice-versa*). Ce mouvement est surtout très actif entre Alger et la France par Marseille et Port-Vendres. C'est enfin un port d'escale (de nombreux navires touristes le fréquentent.)

Trafic.

Le tableau ci-après donne le trafic réalisé au Port d'Alger en 1927.

	Entrées	Sorties	Totaux
Nombre de navires.	4.500	4.500	9.000
Jauge	7.700.000 T.	7.700.000 T.	15.400.000 T.
Passagers	110.000	100.000	210.000
Marchandises Poids.	1.800.000 T.	1.900.000 T.	3.700.000 T.
Marchandises valeur	2 milliards 500 millions de francs	1 milliard 500 millions de francs	4 milliards de francs

Le trafic, qui avait progressé lentement de 1830 à 1880, se développe ensuite très rapidement jusqu'en 1913, comme le met en évidence le tableau ci-après. (Voir p. 143).

De 1880 à 1900 le trafic augmente en moyenne de 50.000 tonnes par an.

Après 1900 et jusqu'en 1914, le trafic augmente en moyenne de 170.000 tonnes par an.

Pendant la guerre de 1914 à 1918, le trafic diminue d'année en année. En 1918 est atteint le trafic minimum caractérisé par les suivants chiffres :

Nombre de navires (entrés et sortis)......	2.700
Tonnage de jauge total (entrées et sorties)..	2.900.000
Tonnage effectif des marchandises (entrées et sorties)...........................	850.000

Après la guerre le trafic reprend sa marche ascendante comme le montre le tableau ci-après. (Voir p. 136-137).

	Années				
	1880	1890	1900	1910	1913
Nombre de navires entrés et sortis ..	2.900	5.100	8.000	12.000	13.000
Jauge des entrées et sorties	1.200.000 T.	2.800.000 T.	6.900.000 T.	15.800.000 T.	19.000.000 T.
Marchandises embarquées et débarquées	300.000 T.	600.000 T.	1.300.000 T.	3.100.000 T.	3.500.000 T.

DÉCOMPOSITION DU TRAFIC

Importations.

Houille et coke	54 %
Bois et matériaux de construction	10 %
Denrées alimentaires	12 %
Divers	24 %

Exportations :

Houille et coke	32 %
Minerais	27 %
Vins et eaux-de-vie	26 %
Divers	15 %

Pêche :

Le port d'Alger est aussi un port de pêche. En 1927 il a été pêché pour plus de 3.200.000 kilogrammes de poissons divers, dont la valeur totale a été de 11.600.000 francs.

Importance du port d'Alger :

Le port d'Alger occupait en 1927 le 6e rang parmi les ports français pour le tonnage des marchandises, et le 4e pour le nombre des navires et le tonnage de jauge.

PORT DE DELLYS

HISTORIQUE

Fondée par une Colonie carthaginoise, Dellys devint plus tard une puissante cité sous l'empereur Claude. Après avoir fait partie du royaume arabe de Bougie, elle devint en 1509, tributaire de l'Espagne et fut ensuite le siège du Gouvernement de Khaïr-Ed-Din lorsque celui-ci partagea la régence d'Alger avec son frère Baba-Aroudj (Barberousse).

La ville fut prise le 7 mai 1844 par le Maréchal Bugeaud, lors de son expédition contre la tribu Kabyle des Flissa.

Elle se compose aujourd'hui de 2 parties distinctes, le quartier arabe au Nord et le quartier européen au Sud.

RENSEIGNEMENTS GÉOGRAPHIQUES ET HYDROGRAPHIQUES

La baie de Dellys ouverte du Nord à l'Est offre un très bon mouillage contre les coups de vent de l'ouest au nord-ouest.

Pendant la nuit la côte devant la ville de Dellys est éclairée par 2 feux de petit atterrage et non loin de la ville vers l'ouest, par un feu de grand atterrage.

Les feux de petit atterrage sont un feu fixe rouge portant à 6 milles placé sur le sommet de la falaise dominant la Pointe de Dellys et un feu fixe vert sur le débarcadère à 65 mètres de son extrémité portant à 2 milles.

Le feu de grand atterrage au Cap Bengut sur la pointe des Jardins, à 2.000 mètres dans l'ouest de Dellys, est un feu à groupe de 4 éclats blancs toutes les 25 secondes, portant à 34 milles. On peut admettre comme applicables au port de Dellys les indications qui ont été fournies pour Alger en ce qui concerne le régime de la pluie et des vents, ainsi que la hauteur barométrique et la température.

Description du port :

Le port, qui comprend actuellement un simple débarcadère utilisable par beau temps et par des bateaux de très faible tonnage, va être agrandi. On va construire une jetée, y accoler un terre-plein gagné sur la mer et allonger le débarcadère existant pour le transformer en môle.

Les travaux ont été adjugés au début de 1929.

RENSEIGNEMENTS COMMERCIAUX ET STATISTIQUES

Le port de Dellys n'est fréquenté que par des navires de faible tonnage. variant de 30 à 375 tonneaux. Le trafic a été en 1927 de 278 navires entrés et sortis pour un tonnage de jauge totale de 35.258 tonnes et un tonnage effectif de marchandises de 4.644 tonnes.

Ce faible trafic résulte du manque d'abri. Lorsque les travaux récemment adjugés seront réalisés, le trafic se développera certainement, parce que Dellys est le débouché naturel de la Kabylie, — qui est la région la plus peuplée de l'Algérie.

On pêche au port de Dellys. Le produit de la pêche peut être évalué à 1.200 francs par jour de pêche.

PORTS DE TIZZIRT ET DE PORT GUEYDON

Petits ports dont les débarcadères sont fréquentés par des navires côtiers de faible tonnage.

Le trafic total a été en 1927 de 4.000 tonnes de marchandises embarquées et débarquées.

CHAPITRE TROISIÈME

LES PORTS DU DÉPARTEMENT DE CONSTANTINE

PORT DE BOUGIE

HISTORIQUE

La Ville de Bougie a été fondée par les Carthaginois. C'était un comptoir commercial. Elle subit ensuite la domination de tous les peuples qui ont successivement occupé l'Afrique du Nord : Romains, Vandales, Byzantins, Arabes, Berbères, Espagnols, Turcs. La France y planta son drapeau le 29 septembre 1833.

RENSEIGNEMENTS GÉOGRAPHIQUES ET HYDROGRAPHIQUES

Par sa saillie de 3 kilomètres environ sur le reste de la côte, qui s'infléchit brusquement au Sud, le massif du Gouraya dont la direction est de l'Ouest à l'Est constitue au fond occidental du Golfe de Bougie une rade qu'il couvre contre les vents du N.-O. et du Nord.

La côte qui borde cette rade à l'Ouest et au Sud, la pointe de Djidjelli à 27 milles, et la saillie du Cap Bougaroni à 82 milles protègent successivement la rade contre les vents de l'Ouest à l'Est en passant par le Sud. Seuls les vents du N.-E. y entrent directement.

Les vents dominants sont ceux de la région Sud.

Le climat de Bougie est relativement chaud en été.

Bougie est l'un des points où il pleut le plus dans le département de Constantine. La moyenne pluviométrique est de 1 m. 188 dont 0 m. 949 d'octobre à mars.

L'entrée du port est indiquée par deux feux fixes, l'un vert et l'autre rouge, d'une portée de 5 milles, placés à l'extrémité de la jetée Abd-el-Kader et de la jetée du large. Ces feux sont précédés au large du feu de direction (fixe blanc) de la pointe Bou-Ack portant à 7 milles, et du phare du cap Carbon à éclats blancs (un groupe de 3 éclats toutes les 20 secondes) portant à 34 milles comportant à son pied un feu auxiliaire à secteur vert et rouge portant à 14 milles. Au cap Sigli est en service un phare à un éclat blanc toutes les 5 secondes portant à 29 milles.

DESCRIPTION DU PORT

La profondeur d'eau dans le port est de 5 à 7 m. 50.

Le port est limité par deux jetées : la jetée du N.-E. ou jetée d'Abd-el-Kader longue de 450 mètres et la jetée du S.-O. ou jetée du large comprenant une traverse de 220 mètres de longueur depuis son point d'enracinement et 60 mètres de largeur, parallèle à la jetée du N.-E. avec raccord de 180 mètres; une 2e branche de 415 mètres de longueur formant un angle de 62° avec la première et s'avançant vers le large.

La surface d'eau intérieure du port est de 26 hectares.

Les quais du port ont une longueur totale de 1.017 mètres.

La superficie de terre-plein utilisable pour les dépôts de marchandises est de 7 hectares.

On exécute actuellement les travaux suivants :

1° Construction d'un avant-port dans la baie de Sidi-Yahia d'une superficie de 60 hectares.

2° Construction des jetées de fermeture de l'arrière-port et construction des 850 mètres de quais accostables par des fonds dragués à — 9 mètres avec 10 hectares de terre-plein situés en arrière.

3° Ouverture de passes d'accès dans la jetée Abd-el-Kader et dans la jetée de raccordement de l'arrière-port.

4° Fermeture de la passe du port actuel.

5° Dragages à la cote (— 8) près des quais et à (— 9) dans le chenal reliant en ligne droite les deux passes d'accès.

Les quais sont desservis par une voie ferrée reliée à la gare des chemins de fer algériens de l'État.

La Chambre de Commerce exploite un mât de charge fixe et doit établir des grues à bras et à moteur mécanique.

On trouve dans le port un matériel d'acconage appartenant à divers entrepreneurs.

RENSEIGNEMENTS COMMERCIAUX ET STATISTIQUES

Le trafic du port tend à prendre une certaine importance en raison de l'exploitation des mines de fer, de zinc et de phosphates de la région Bougie-Sétif.

Il a été en 1926 de 1.427 navires entrés et sortis pour un tonnage de jauge total de 982.025 tonnes et un tonnage de marchandises de 376.437 tonnes.

Le graphique ci-contre donne le développement du trafic au cours des dernières années.

Les exportations de minerai de fer, de zinc et de phosphates correspondent à elles seules à un tonnage de 253.645 tonnes.

En 1926 on a pêché 549.330 kilogrammes de poissons dont la vente a rapporté 1.420.676 francs.

TRAFIC

Année	Marchandises	Jauge
1869	13.050	153.630
1880	2866	348.056
1890	40.599	515 184
1897	89.413	428.504
1898	115.093	534.644
1899	161.846	728.974
1900	121.287	602 340
1901	129.307	603.828
1902	128018	591.984
1903	133.605	721.364
1904	185.288	775.426
1905	189216	887.885
1906	182.745	843.344
1907	228.520	837.789
1908	254.848	968.999
1909	267.601	1.085.521
1910	277.756	1.145.915
1911	314.916	1.133.767
1912	347.294	1.129.605
1913	408.500	1.198.012
1914	320.689	931.801
1915	266.938	696.594
1916	287.635	478.790
1917	258.133	407.564
1918	202141	267.719
1919	223.800	331.194
1920	288.647	431.141
1921	246.834	495.116
1922	331.364	813.026
1923	330.897	870.863
1924	376.987	962.586
1925	449.562	1.100.034
1926	376.437	982.025

PORT DE DJIDJELLI

HISTORIQUE

Djidjelli, comme la plupart des cités de la côte algérienne, serait un comptoir commercial d'origine carthaginoise. Les Romains, les Vandales, les Byzantins l'ont occupée. Elle fut ensuite sous la domination des Musulmans, puis des Siciliens, des Pisans et des Gênois. Ces derniers en furent chassés par le corsaire Barberousse. Elle devint alors avec Alger le premier point d'appui des hardis corsaires qui désolèrent si longtemps la Méditerranée.

Leurs exactions motivèrent plusieurs démonstrations européennes faites contre Djidjelli.

En 1611, bombardement par la flotte espagnole.

En 1664, occupation par une armée française sous les ordres du duc de Beaufort.

Elle fut ensuite reprise par les Turcs.

Elle fut définitivement conquise en mai 1839 par les Français.

RENSEIGNEMENTS GÉOGRAPHIQUES ET HYDROGRAPHIQUES

Le port de Djidjelli est une rade foraine recevant directement les mers du N.-N.-E. et du Nord, un peu abritée du N.-O.

par la presqu'île de Djidjelli, couverte de l'Ouest à l'Est en passant au Sud par les terres et par la saillie du cap Bougaroni.

Le port de Djidjelli est signalé aux navigateurs par les feux suivants :

Feu du cap Ras-Afia (feu à un éclat rouge toutes les 4 secondes portant à 25 milles).

Feu sur la 2e roche des brisants au Nord du mouillage (feu fixe avec un secteur blanc et un secteur rouge).

Feu sur le musoir du môle Sud ou traverse du commerce (feu fixe vert).

DESCRIPTION DU PORT

Etat actuel.

La rade est abritée par une jetée dite des récifs longue de 620 mètres réunissant les rochers à la terre ferme.

Deux môles de 205 mètres de longueur abritent une darse de 2 hectares 500 où les fonds vont de 1 à 3 mètres.

Un débarcadère de 200 mètres de long sur 20 mètres de large et 2 mètres de hauteur et un appontement en bois de 39 mètres de longueur sur 4 mètres de large servent à l'embarquement ou au débarquement des marchandises sur allèges. La surface des terre-pleins affectés au dépôt de marchandises est de 9.250 mètres carrés. Il n'y a pas de voie ferrée, pas d'outillage à l'exception d'une grue à bras de 1.500 kilogrammes. Il existe une vingtaine de chalands.

Travaux projetés.

Le trafic du port devant se développer après la mise en exploitation de la ligne de chemin de fer d'El-Milia à Djidjelli, qui permettra l'exploitation de mines qui n'avaient pas d'autre débouché possible, on va réaliser un programme de travaux qui a pour objet la construction d'une jetée Sud sur une longueur de 400 mètres, le prolongement oblique de cette jetée par une jetée de 170 mètres de longueur, la création d'un terre-plein bordé par 200 mètres de quais, la construction d'un môle de 250 mètres de longueur et de 100 mètres de large accolé à la jetée Sud.

RENSEIGNEMENTS COMMERCIAUX ET STATISTIQUES

Le trafic a été en 1926 de 1.148 navires entrés et sortis pour un tonnage de jauge total de 481.000 tonnes et un tonnage effectif de marchandises de 59.255 tonnes.

On a pêché en 1927 360.592 kilogrammes de poissons, éponges et corails dont la vente a rapporté 1.106.144 francs.

PORT DE COLLO

Le port de Collo, dont l'anse a des qualités nautiques telles que l'on avait songé vers les premiers temps de l'occupation française à y créer le port de transit de Constantine, n'a plus aujourd'hui qu'un intérêt secondaire.

La profondeur d'eau dans le port est de 5 mètres à quai.

Le port, protégé par une jetée de 145 mètres de longueur orientée N.-S., a une surface d'eau de 4 hectares 1/2.

Il comprend un quai de 230 mètres de développement et d'une largeur moyenne de 70 mètres. Cet ouvrage est accostable aux navires calant jusqu'à 4 m. 50.

Les terre-pleins utilisables pour le dépôt des marchandises ont une superficie de 12.500 mètres carrés.

Il n'y a pas de voie ferrée desservant le port et aucun outillage spécial. Il y a quelques chalands d'une portée de 25 à 30 tonnes.

Le trafic du port a été en 1927 de 543 navires (entrées et sorties) pour un tonnage de jauge de 93.000 tonnes et un tonnage effectif de marchandises de 22.000 tonnes.

Le graphique ci-après donne le développement du trafic au cours des dernières années.

TRAFIC

	MARCHANDISES	JAUGE
1912	22.380	223.781
1913	31.604	199265
1914	15.051	162.170
1915	9919,8	63.011
1916	14.323,5	62.229
1917	10.836,9	36.618
1918	12.744,7	46.347
1919	14816,5	51.732
1920	21.030	77019
1921	16.831,7	48.572
1922	15.756,5	129.450
1923	13.620,7	105.089
1924	20.680,5	127.709
1925	21.194,4	159.593
1926	19.817,6	155.044
1927	21.929	186.504

Le port est signalé de nuit aux navigateurs par les feux suivants :

Feu du cap Collo ou pointe Djerda : blanc à un éclat vert toutes les 2 minutes portant à 11 milles, et sur la pointe au Sud de l'anse de Collo, un feu fixe rouge.

PORT DE PHILIPPEVILLE

HISTORIQUE

La ville de Philippeville est construite à l'emplacement de la cité de Rusicada fondée 45 ans environ avant l'ère chrétienne et détruite après quatre siècles d'existence par les vandales. Elle fut reconstruite par les Français en 1838.

RENSEIGNEMENTS GÉOGRAPHIQUES ET HYDROGRAPHIQUES

Le port de Philippeville [1] est situé dans la partie la plus méridionale du golfe, dont les deux extrémités sont formées par la pointe de Tasrah à l'Ouest et le cap de Fer à l'Est.

Ce golfe, qui a la forme d'un croissant ouvert dans la direction Nord-Ouest, a 17 milles d'ouverture sur 9 milles de profondeur.

1. A 3 kilomètres à l'ouest de Philippeville se trouve dans un renfoncement de la côte le petit port de pêche de Stora, devant lequel les navires mouillaient avant la construction du port de Philippeville et qui n'a plus aujourd'hui qu'une importance tout à fait secondaire.

La rade de Philippeville est battue en plein par tous les vents du large du N.-O. au N.-E.

Un navire venant du Nord pendant la nuit relève d'abord les feux du cap Bougaroni (sur la pointe de Sidi-bou-Burnous) (feu blanc portant à 35 milles à un groupe de 2 éclats toutes les 10 secondes), et du cap de Fer sur la pointe Ouest du cap (feu blanc à un groupe de 2 éclats toutes les 15 secondes portant à 31 milles), dont il coupe l'alignement vers le milieu. Il aperçoit ensuite le feu de l'île Srigina située à 3 milles du port (feu à 1 éclat rouge toutes les 5 secondes portant à 18 milles), laisse cette île sur tribord et en s'aidant des feux d'entrée du port gagne la passe de l'avant-port.

Les feux de port sont les suivants :

Un feu à occultations (éclats blancs avec secteur rouge groupés par 2) logé dans un phare sur le musoir de la grande jetée Nord ;

un feu fixe rouge sur le musoir de la traverse Nord, et un feu fixe vert sur le musoir de la jetée du Château Vert ; un feu fixe blanc est allumé sur la jetée de Stora.

DESCRIPTION DU PORT

Le port est protégé du côté du large par une jetée longue de 1.625 mètres et par une jetée normale à la précédente, laissant entre elles une passe de 100 mètres qui constitue l'entrée de l'avant-port.

La surface d'eau comprise entre les deux jetées et la côte constitue l'ensemble du port ; elle est divisée en deux bassins par une traverse. L'un des bassins constitue l'avant-port, l'autre le port proprement dit ; les deux bassins communiquent par une passe de 90 mètres de largeur.

Le plan d'eau abrité de l'avant-port est de 38 hectares dont 16 hectares avec fonds de 10 mètres et au-dessus.

Le long de la traverse séparant les bassins, les navires disposent de 400 mètres de quais à tirant d'eau variant de 5 à 7 mètres.

Le plan d'eau abrité du port proprement dit est de 19 hectares dont 7 hectares 45 ares avec fonds de 10 mètres et au dessus. Les quais mis à la disposition des navires s'étendent sur une longueur de 1.020 mètres avec un tirant d'eau minimum de 7 mètres. Les terre-pleins ont une surface de 27 hectares. 10 hectares sont loués à titre privatif, 1 hectare est affecté au dépôt libre des marchandises, le reste est occupé par les voies publiques, les voies ferrées et les services publics.

L'outillage comprend 4 grues à vapeur roulantes et pivotantes sur portiques établies sur les quais Sud et Sud-Est du port ; 3 grues flottantes de la force de 45 tonnes, 10 tonnes et 5 tonnes.

Les quais et terre-pleins sont reliés par les voies ferrées qui les relient à la gare du chemin de fer de Philippeville à Constantine.

RENSEIGNEMENTS COMMERCIAUX ET STATISTIQUES

Le port de Philippeville est à la fois un port de commerce et un port de pêche.

Le trafic de la pêche a été en 1927 de 1.450.000 kilogrammes de poisson, dont la vente a rapporté 5.130.000 francs.

TRAFIC

1913	257.208	1.412.482
1914	221.739	914.107
1915	207.586	731.402
1916	259.640	735.224
1917	152738	784.601
1918	80.163	968.632
1919	205334	707.170
1920	219734	622.126
1921	240655	433.830
1922	223726	1.033.083
1923	315890	1.496.854
1924	339843	1.545.374
1925	284.328	1.447.950
1926	352.463	1.559.810
1927	392.102	1676.598

Le trafic a été en 1927 de 1.757 navires (entrées et sorties) pour un tonnage de jauge de 1.700.000 tonnes (entrées et sorties) et un tonnage effectif de marchandises (entrées et sorties) de 392.000 tonnes.

Le graphique ci-avant donne le développement du trafic au cours des dernières années.

PORT D'HERBILLON

C'est un petit port de pêche, qu'on utilise surtout pour y faire l'exportation des bordures et pavés en granit provenant des carrières voisines, qui fournissent des matériaux excellents pour la confection des chaussées pavées en pierre.

Le trafic a été en 1927 de 226 navires (entrées et sorties) pour un tonnage de jauge total de 20.000 tonnes et un tonnage effectif de marchandises de 30.000 tonnes.

On y a pêché en 1927 : 165.000 kilogrammes de poisson, dont la vente a rapporté 320.000 francs. Des travaux d'amélioration du port vont être exécutés pour développer et faciliter l'exportation des bordures et pavés en granit.

PORT DE BONE

HISTORIQUE

La position abritée du fond du golfe de Bône, la richesse de la grande plaine qui s'étend au Sud sur une profondeur de 25 à 30 kilomètres, et les facilités de communication avec l'intérieur que donnent les vallées de la Seybouse et de la Boudjemah ont attiré les marchands à une époque très reculée et ont favorisé la création d'une grande agglomération en ce point de la côte d'Afrique.

Les marchands de Carthage y fondèrent une colonie qui portait le nom d'Ubbo. Elle prit le nom d'Hippone sous l'occupation romaine. Hippone fut alors après Carthage le plus opulent marché de l'Afrique. Lorsque le christianisme fut toléré dans l'empire romain, Hippone devint le siège d'un évêché. La période la plus brillante de son histoire est celle où elle avait pour évêque Saint-Augustin (395-431). Elle tomba entre les mains des Vandales en 431 et fut réduite en cendres. Elle fut reconquise en 533 par les Byzantins et tomba enfin au pouvoir des arabes en 697.

Elle fut ensuite sous la domination des Turcs, jusqu'à l'occupation française.

RENSEIGNEMENTS GÉOGRAPHIQUES ET HYDROGRAPHIQUES

Le golfe de Bône est formé par le cap de Garde à l'Ouest et par le cap Rosa à l'Est distants l'un de l'autre de 27 milles.

La côte se dirige du Nord au Sud jusque vers le fond du golfe. Dans ce parcours d'environ 15 kilomètres les falaises alternent avec de petites plages.

Les navires en relâche à l'abri du cap de Garde doivent mouiller à quelques encâblures dans le Sud au S.-S.-O. du port par 20 à 22 mètres d'eau ; la tenue est excellente par fonds de sable et de vase, et avec de bonnes amarres on est parfaitement en sûreté.

Le port est signalé aux navigateurs par les feux suivants :

Sur le cap de Garde, sur le sommet de la pointe à l'entrée du golfe de Bône : 36° 58' 1" de latitude Nord et 7° 47' 2" de longitude Est, un feu portant à 35 milles à un éclat blanc toutes les 5 secondes ;

Sur le fort Gênois un feu fixe blanc portant à 8 milles ;

L'entrée de l'avant-port est éclairée par deux feux, l'un blanc (avec secteur vert) à un groupe de trois occultations toutes les 10 secondes ; l'autre rouge à une occultation toutes les 5 secondes, situés respectivement sur le musoir de la jetée du Lion et sur le musoir de la jetée du Sud ;

L'entrée du port (grande darse) est signalée par deux feux fixes, l'un vert et l'autre rouge, situés de part et d'autre de la jetée Balayaud ;

L'entrée de la petite darse est également signalée par deux feux vert et rouge de part et d'autre de la passe Cigogne.

En outre le môle Cigogne porte un feu vert à son angle S.-E. ;

Le cap de Garde possède également un sémaphore.

Le mouvement de la marée est presque insensible ; l'influence combinée de la marée et des vents peut amener une dénivellation de 0 m. 40 assez fréquemment et de 0 m. 80 extraordinairement.

Pas de courants notables. Les vents dominants sont ceux de Nord-Ouest, Est et Sud.

DESCRIPTION DU PORT

Conditions d'accès et tirant d'eau.

Avant-port	6 à 13 m.
Grande darse	6 m. 50 à 9 m.
Petite darse	8 à 9 m.

Le tirant d'eau maximum des navires pouvant avoir accès dans le port est de 8 mètres pour les darses et de 9 à 10 mètres pour l'avant-port.

Les plus forts navires qui pénètrent dans le port ont 120 mètres de longueur, 19 mètres de largeur et 8 mètres de tirant d'eau et chargent 8.000 tonnes.

Port. Quais.

Le port de Bône est situé près de l'embouchure de la Seybouse, dans une sinuosité du rivage, au pied d'un des contreforts des monts Edough, qui forment la rive ouest du golfe. Par suite de cette position et de la hauteur de l'Edough, le port se trouve naturellement abrité contre les vents du Nord et de l'Ouest ; il est accessible par tous les temps et offre toute sécurité aux navires : les opérations à quai n'y sont pour ainsi dire jamais interrompues.

Le port comprend : l'avant-port, la grande darse, la petite darse.

Avant-port.

L'avant-port est limité par deux jetées qui laissent entre elles une passe de 230 mètres de largeur ; la jetée du Lion, longue de 900 mètres, orientée O.-S.-O.-E.-N.-E. pendant 180 mètres, puis dirigée vers le Sud-Est en se recourbant à son extrémité ; et la jetée du Sud qui s'étend sur une longueur de 750 mètres dans sa partie qui abrite l'avant-port puis se prolonge sur 1.450 mètres vers l'Ouest en limitant la grande darse jusqu'au terre-plein de la Seybouse.

L'avant-port mesure 47 hectares de superficie et offre des profondeurs supérieures à 12 mètres sur plus d'un tiers de sa surface et de plus de 9 mètres sur presque tout le reste.

Un petit quai de 40 mètres de longueur avec mouillage de 4 m. 50 construit à l'enracinement de la jetée du Lion est destiné au débarquement direct ou par allèges des matières dangereuses : un terre-plein de 6.400 mètres carrés sur lequel sont établis les réservoirs à pétroles de la Compagnie Industrielle des Pétroles de l'Afrique du Nord y fait suite.

On trouve des bouées d'amarrage dans l'avant-port.

Grande darse.

La grande darse est séparée de l'avant-port par la jetée Balayaud, parallèle à la jetée du Lion (partie la plus longue) et distante de celle-ci d'environ 700 mètres. Elle se relie à la jetée du Sud d'une part et à la côte d'autre part ; vers son milieu elle laisse une passe de 70 mètres de largeur creusée à 9 mètres.

Cette darse a 50 hectares de superficie ; elle est draguée à 8 mètres dans la partie Nord et à 9 mètres dans la partie Sud.

Elle offre comme quais utilisables :

1° le quai Nord de 924 mètres de longueur avec terre-plein large de 110 mètres plus spécialement affecté aux navires à service régulier ;

2° le môle Cigogne contigu à l'extrémité ouest du quai Nord formé de deux éléments d'un développement total de 290 mètres et large de 85 mètres ;

3° le quai Sud comportant : vers l'Ouest un élément de 216 mètres de longueur exploité par la Société des Phosphates de Constantine et vers l'Est un élément de 321 mètres dont les derniers 200 mètres sont exploités par la Société des Minerais de fer de l'Ouenza. Sur ces quais sont aménagés les installations mécaniques des deux sociétés en question pour l'embarquement de leurs produits. Un terre-plein de 26 hectares dénommé « Terre-plein de la Seybouse » leur fait suite ;

4° un petit quai de carénage de 50 mètres de longueur adossé à la jetée Balayaud.

Des bouées sont mouillées au droit des quais pour assurer la manœuvre des navires.

Petite darse.

Le môle de la Cigogne détermine dans le fond du port une troisième darse qui communique avec la grande darse par une passe de 60 mètres de largeur.

Elle a 11 hectares de superficie ; elle est draguée à 9 mètres sur plus de la moitié Nord et à 7 mètres sur l'autre partie.

Elle comporte au Sud, à l'Ouest, des quais d'une longueur totale de 795 mètres.

Voies ferrées des quais.

Les quais sont desservis par des voies ferrées à largeur normale rattachées au réseau Bône-Guelma (chemins de fer algériens de l'État) et par une ligne à voie étroite reliée aux lignes de Bône-La Calle et Aïn-Mokta-Saint-Charles.

Engins de radoub.

Il n'existe aucune forme ni cale de radoub. Mais il y a des cales de carénage sur lesquelles on peut hisser les voiliers ne dépassant pas 300 tonnes.

Outillage.

Il 'ny a pas d'outillage public ; on peut louer le matériel des Ponts et Chaussées qui comprend un ponton-mâture de 40 à 50 tonnes et une châtte Matée de 5 à 6 tonnes de force de levage. Il y a dans le port quelques engins privés : grues à vapeur sur chaland de 2 à 5 tonnes de force.

Installations spéciales de chargement et de déchargement.

Les installations en question sont celles réalisées par les Sociétés minières et par les Compagnies qui font le commerce du charbon.

Chalands.

On trouve dans le port quelques chalands.

Hangars. Terrains. Magasins et entrepôts.

La Chambre de Commerce possède et exploite six hangars sur le quai Nord, sur le quai Ouest et sur le môle Cigogne, qui sont loués à des compagnies de navigation et qui recouvrent une surface totale de 5.479 mètres carrés.

Il a été concédé à la Chambre de Commerce 342.000 mètres carrés de terrains pouvant être loués au commerce et 30.000 mètres carrés de terre-pleins affectés aux dépôts de marchandises (gratuits lorsque la durée du dépôt n'excède pas 8 jours).

Eau douce.

Il est établi sur les quais Nord et Ouest de la darse des bouches branchées sur les conduites de distribution de la ville.

L'eau est fournie par la ville à quai au moyen de manches fixés sur les bouches.

RENSEIGNEMENTS COMMERCIAUX ET STATISTIQUES

Trafic.

Le trafic du port a été en 1927 de 3.737 navires entrés et sortis pour un tonnage de jauge total de 4.000.000 de tonnes et un tonnage effectif de marchandises de 2.200.000 tonnes.

La progression du trafic depuis la guerre est rapide, comme le montre le tableau ci-après :

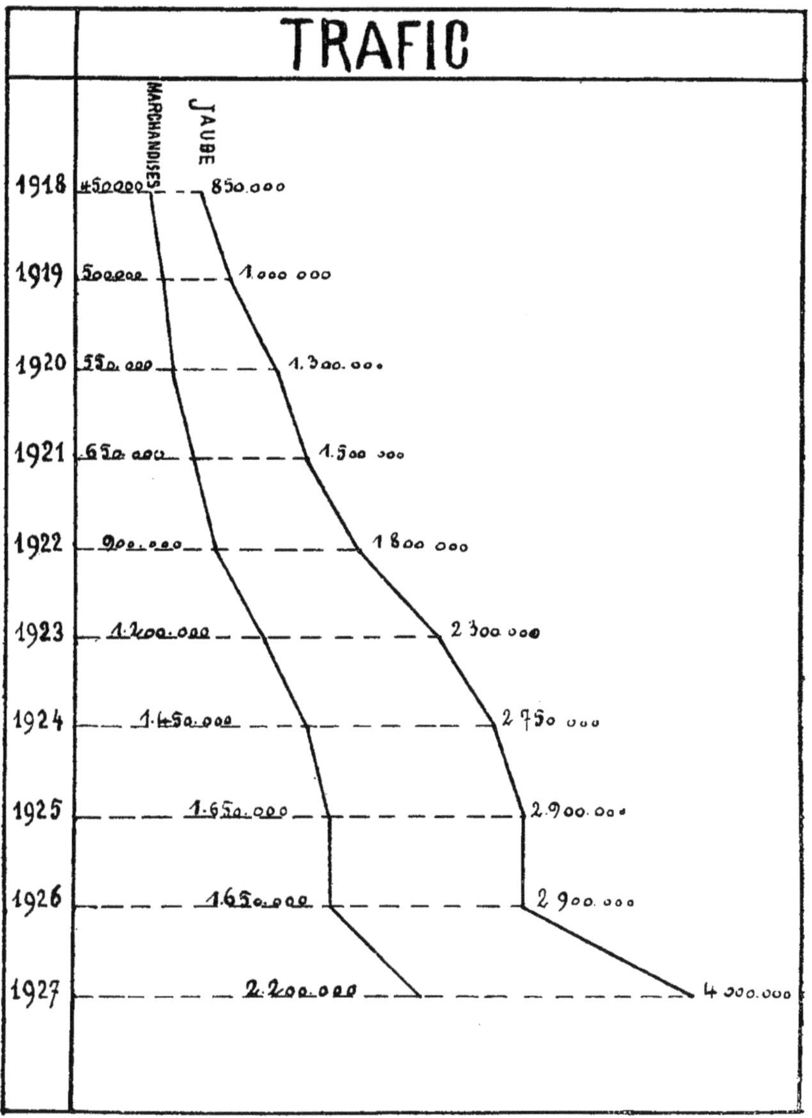
TRAFIC
MARCHANDISES
JAUBE
1918
450000
850.000
1919
500000
1.000 000
1920
550.000
1.300.000
1921
650.000
1.500.000
1922
900.000
1 800 000
1923
1.200.000
2 300 000
1924
1.450.000
2 750 000
1925
1.650.000
2.900.000
1926
1.650.000
2 900.000
1927
2.200.000
4 000.000

DÉCOMPOSITION DU TRAFIC

Importations.

Charbons	57 %
Matériaux de construction	9 %
Divers	34 %

Exportations.

Minerais	47 %
Phosphates	39 %
Divers	14 %

Pêche.

Le produit de la vente du poisson en 1927 a été de 2.500.000 francs.

PORT DE LA CALLE

HISTORIQUE

Le port de La Calle a a été fondé par les Français à une époque bien antérieure à la conquête de l'Algérie. La France avait obtenu le privilège de la pêche du corail entre Tabarka et Bône. Les bateaux trouvaient un abri au Sud de l'îlot de France dans deux anses, l'une de 3 hectares environ ouverte à l'Ouest, l'autre appelée baie Saint-Martin, de 1 hectare environ, avec une entrée à l'Est de l'îlot.

RENSEIGNEMENTS GÉOGRAPHIQUES ET HYDROGRAPHIQUES

La mer ayant une violence extrême devant La Calle et l'entrée de la crique n'étant pas abritée, il se forme devant le rivage par les vents de l'Ouest à l'Est une ligne de brisants qui rend impossibles l'entrée et la sortie du port.

La faible profondeur d'eau ne permet d'ailleurs de recevoir que les navires dont le tirant d'eau ne dépasse pas 3 mètres.

Le port de La Calle est signalé aux navigateurs par un feu

fixe rouge 36° 54' 1" de latitude Nord et 3° 26' 6" de longitude Est portant à 9 milles situé sur la presqu'île à gauche de l'entrée du port.

DESCRIPTION DU PORT

Le port est protégé au Sud par l'îlot de France qui est prolongé vers l'Est par une ligne de rochers surmontés d'un mur-abri reliant l'îlot à la côte et vers l'Ouest par une petite jetée de 50 mètres. L'entrée est ouverte au N.-O. ; les vents de cette direction empêchent l'accès du port par mauvais temps.

La passe d'entrée est large de 150 mètres environ. La hauteur d'eau qui est de 7 mètres à cet endroit diminue jusqu'à 4 mètres et au-dessous dans le fond du port.

Un épi qui coupe la plage Sud sépare le port en deux parties formant en quelque sorte un avant-port et une darse reliés entre eux par un chenal de 4 mètres de profondeur, 20 mètres de largeur et d'une longueur de 200 mètres. Dans l'ancien port peuvent seuls pénétrer des navires d'un tonnage inférieur à 300 tonneaux. Ces derniers bâtiments peuvent effectuer leurs opérations bord à quai. Surface d'eau du port, 6 hectares. Les côtés Nord et Sud sont bordés de quais qui ont une largeur moyenne de 12 mètres et un développement total de 485 mètres. Seuls les quais de la darse sur une longueur de 120 mètres sont pratiquement utilisables. Pas d'outillage, pas de matériel d'acconage.

RENSEIGNEMENTS COMMERCIAUX ET STATISTIQUES

Le port n'est fréquenté que par des navires ayant moins de 3 mètres de tirant d'eau (barques, balancelles, bricks).

Le trafic a été en 1927 de 210 navires (entrées et sorties) pour un tonnage de jauge total de 7.209 tonnes et un tonnage effectif de marchandises de 5.848 tonnes.

On y pêche par an 190.000 kilogrammes de poisson, dont la vente rapporte 700.000 francs.

TABLE DES MATIÈRES

CHAPITRE PREMIER

LES PORTS DU DÉPARTEMENT D'ORAN

CHAPITRE DEUXIÈME

LES PORTS DU DÉPARTEMENT D'ALGER

CHAPITRE TROISIÈME

LES PORTS DU DÉPARTEMENT DE CONSTANTINE

ACHEVÉ D'IMPRIMER
LE 18 AVRIL 1930
PAR F. PAILLART, A
ABBEVILLE, (SOMME)

www.ingramcontent.com/pod-product-compliance
Ingram Content Group UK Ltd.
Pitfield, Milton Keynes, MK11 3LW, UK
UKHW022104260726
13993UKWH00001B/321

9 782329 178301